Rachela Zelmanowicz Olewski   Weinen hier verboten

Rachela Zelmanowicz Olewski

Weinen hier verboten

Ein jüdisches Mädchen im polnischen Bendzin, im Ghetto von Bendzin und im Versteck, im Frauenorchester von Auschwitz, in Bergen-Belsen und Israel 1921–1987

Ein Zeugnis in Yad Vashem

Aus dem Englischen von Klara Strompf

Herausgegeben von Erhard Roy Wiehn

Hartung-Gorre Verlag Konstanz

Fotos Umschlag-Titelseite u. Rückseite: Rachela Zelmanowicz Olewski (Fotos Familienarchiv Olewski); Druck und Bindung: BoD GmbH, Norderstedt.

1898–2018
120 Jahre Besuch Theodor Herzls bei Großherzog Friedrich I von Baden auf der Insel Mainau und in Eretz Israel

1938–2018
80 Jahre Reichspogromnacht

1948–2018
70 Jahre Staat Israel

Bibliografische Information der Deutschen Nationalbibliothek

Die Deutsche Nationalbibliothek verzeichnet diese Publikation in der Deutschen Nationalbibliografie; detaillierte bibliografische Daten sind im Internet über http://dnb.dnb.de abrufbar.

Erste Auflage / First Edition 2018
Hartung-Gorre Verlag Konstanz Germany
ISBN 978-3-86628-620-7 und 3-86628-620-1

Inhalt

Widmungen

In Liebe gewidmet
meinen Töchtern Ayelet und Ronit und meinem Sohn Uri - ihr hattet das Glück, mit unserer Mutter und ihrer Lebensgeschichte eng verbunden und vertraut gewesen zu sein.
Großmutter Rachela wurde zum festen Bestandteil eurer Kindheit und hat immer noch einen bedeutenden Einfluß auf euer Leben und eure Persönlichkeit (Foto S. 130).

Jochevet (Jochi) Ritz-Olewski

Für meine älteste Tochter Dana Rachel, die den Namen meiner Mutter trägt;
für meine Zwillinge: für meinen Sohn Shahar Rafael und für meine Tochter Noa;
euch dreien, denen leider nicht die Möglichkeit gegeben war, Großmutter Rachela persönlich zu kennen, widme ich dieses Zeitdokument (Foto S. 130).

Arie Olewski

Wie glücklich und stolz wäre Rachela, wenn sie euch heute sehen könnte!

Vorwort

Der vorliegenden Überlebensgeschichte *Weinen hier verboten* lag die englische Übersetzung der hebräischen Zeugenaussage zugrunde, die unsere Mutter Yad Vashem am 25. Mai 1984 gegeben hatte. Der Mitarbeiter nahm dieses Interview auf Tonband und machte daraus später einen schriftlichen Text. Die erste Version war ungeeignet, weil viele Namen, Ortsnamen und Ereignisse nicht richtig verschriftlicht waren; unsere Korrekturen und Kommentare stehen in eckigen Klammern [...]. Am Inhalt des Textes haben wir selbstverständlich nichts geändert; es handelt sich hier also um die Geschichte unserer Mutter, wie sie diese persönlich erlebte, erinnerte und berichtete.

Unser herzlicher Dank gilt allen, die uns wichtige Hinweise zum Text gegeben haben. Ein besonderer Dank geht an die beiden ehemaligen Mitglieder des Frauenorchesters, Hilde Zimche (Kibbutz Nétzer Seréni) und Anita Lasker-Wallfisch (London) sowie an Dr. Piotr Setkiewicz (Leiter des Archivs des Staatlichen Museums Auschwitz-Birkenau) und Professorin Susan Eischeid (S. 97; Prof. für Oboe, Abteilung für Musik der Valdosta State University, Georgia, USA).

Im Jahre 2007 knüpften wir enge Kontakte mit *The Ra'anana Symphonette* (Israel), das einige Konzerte dem Andenken Alma Rosés widmete, der legendären Dirigentin des Frauenorchesters Auschwitz-Birkenau. Bei diesen Konzerten haben wir unsere Mutter natürlich mit Stolz vertreten.

Im Jahre 2018 hat uns Professor Erhard Roy Wiehn (Universität Konstanz) dazu bewogen, Rachela Zelmanowicz Olewskis Zeugenaussage auch in deutscher Sprache herauszugeben. Wir sind sehr dankbar und schätzen seine Initiative und seine Editionsarbeit sehr. (Prof. Wiehn ist auch Herausgeber der deutschen Version des Buches unseres Vaters Rafael Olewski: *Tor der Tränen* (Konstanz 2014, S. 84). – Besonderer Dank gebührt auch Klara Strompf (Frankfurt a.M.) für ihre Übersetzungsarbeit, die es ermöglicht, das Zeitdokument *Weinen hier verboten* auch deutschsprachigen Leserinnen und Lesern zugänglich zu machen.

Arie Olewski	Jochevet (Jochi) Ritz-Olewski
Herzlia	Ra'anana

15. April 2018

In memoriam

Jehuda Arie (Leon Leibek) Zelmanowicz (Foto S. 111),

geboren am 3. August 1890, Sohn von Dov und Rivka Gizella; verheiratet mit Jocheved Jached Londner; Vater von Zalman Dov und Rachela. – Er arbeitete für David Zmigrod als Manager für Mietwohnungen in Bendzin. Im Bendziner Ghetto arbeitete er im Braun-Shop, einer Schuhfabrik. Er wurde am 3. August 1943 aus dem Ghetto Bendzin nach Auschwitz deportiert und am Tag seiner Ankunft ermordet – an seinem 53. Geburtstag.

Jocheved Jached Zelmanowicz (Foto S. 111),

geboren 1893, Tochter von Jizchak Isaac und Beila Londner; sie heiratete Jehuda Arie (Leibek) Zelmanowicz, die Mutter von Zalman Dov und Rachela. – Im Ghetto Bendzin erkrankte sie an Arthritis; sie starb am 27. September 1940 im Alter von 47 Jahren und wurde auf dem Friedhof von Czeladz bestattet.

Zalman Dov (Ber, Beniek – Dov "Ben Barak") Zelmanowicz, geboren am 5. Oktober 1917 als Sohn von Jehuda Arie (Leibek) und Jocheved Jached und Bruder von Rachela Zelmanowicz. – Er war Anführer der Beitar-Bewegung in Bendzin, nannte sich "Dov Ben Barak" ("Sohn des Blitzes"). – Er diente als Soldat in der polnischen Armee und geriet schon bald nach Kriegsbeginn in deutsche Gefangenschaft. – Später war er jüdischer Polizist im Ghetto von Bendzin. – Er wurde am 1. August 1943 nach Auschwitz deportiert und später ins Sonderkommando befohlen. – Er nahm am Aufstand des Sonderkommandos und an der Sprengung des Krematoriums am 7. Oktober 1944 teil und wurde offensichtlich am gleichen Tag ermordet, zwei Tage nach seinem 27. Geburtstag (Foto S. 111).

Rachela Zelmanowicz Olewski
(1921–1987)

(Alle Fotos stammen aus dem Familien-Archiv Olewski)

Arie Olewski und Jochi Ritz-Olewski

Unsere Mutter Rachela Zelmanowicz[1]

wurde am 8. Oktober 1921 in Bendzin,[2] Polen, geboren (S. 111, 115).

Ihr Vater Leibek (Jehuda Leib) Zelmanowicz war Manager bei David Zmigrod, einem der reichsten Juden in der Stadt; Leibek war zuständig für die Mietwohnungen.

Ihre Mutter war Jocheved Jached (geb. Londner, Foto S. 112).

Ihr älterer Bruder Dov Beniek (Zalman Ber) wurde am 5. Oktober 1917 geboren, studierte Agrarwirtschaft und war Anführer der Beitar-Bewegung[3] in Bendzin.

Sie wohnten im Stadtzentrum von Bendzin in der zweiten Etage Malachowskiego-Straße 10 (Fotos S.124–126).

Rachela war Schülerin des Hebräischen Gymnasiums Fürstenberg (Fotos S. 114 u. 127) und Mitglied der zionistischen Jugendbewegung "Hanoár Hatzióni".[4] Sie war ein schlankes und verwöhntes Mädchen und hatte sehr ungute Eßgewohnheiten (die ihr später in Auschwitz beim Überleben halfen). Sie war schüchtern und hing immer an ihrem Vater, wenn sie Bekannte besuchten; wenn er zur Toilette ging, wartete sie vor der Tür. Sie liebte Filme und besuchte regelmäßig das nahegelegene

---

[1] https://www.lexm.uni-hamburg.de/object/lexm_lexmperson_00001610; siehe auch: Rafael Olewski, Tor der Tränen. Konstanz 2014, S. 431. (ERW)

[2] Polnisch: Będzin "(deutsch Bendzin, auch zeitweise Bendsburg, Bandin) ist eine Stadt an der Schwarzen Przemsa in Polen in der Woiwodschaft Schlesien", Südpolen; https://de.wikipedia.org/wiki/Będzin (Erhard Roy Wiehn – ERW; ungezeichnete Fußnoten sind im Originaltext vorhanden.)

[3] "Betar oder auch Beitar ist eine zionistische Jugendorganisation, die im Jahr 1923 in Riga (Lettland) durch den revisionistischen Zionisten Ze'ev Jabotinsky gegründet wurde und als Vorläufer der israelischen Parteien Cherut und Likud betrachtet werden kann." https://de.wikipedia.org/wiki/Betar (ERW)

[4] Hanoár Hatzióni (Die zionistische Jugend – Histadrut Halutzit Olamit Hanoar Hatzioni, 1926 gegründete Jugendorganisation, die mit den Methoden des Pfadfindertums arbeitet; https://en.wikipedia.org/wiki/HaNoar_HaTzioni (ERW)

Kino. Während des hebräischen Unterrichts las sie unter der Schulbank polnische Novellen, was ihr mangelhaftes Hebräisch erklärt. Sie sprach Hochpolnisch und fließend Deutsch. In Israel las sie deutsche Zeitungen und zitierte ihren Kinder daraus. Ihre Großmutter Beila Londner hatte einen Süßwarenladen ("Cukiernie"; Fotos S. 112), und als Kind liebte Rachela diesen Laden sehr. Sie war eine Tagträumerin mit lebhafter Phantasie; als sie im Ghetto waren, verkündete sie eines Morgens, ihr Bruder Dov Beniek (damals Polizist) habe ihr gesagt, die Deutschen hätten befohlen, dass alle Rollläden und Fenster geschlossen werden müßten. Später fand ihr Bruder heraus, dass sie das erfunden hatte...

Am 1. September 1939 begann der Zweite Weltkrieg, etwa einen Monat vor Rachelas 18. Geburtstag.

Ihre Mutter starb am 27. September 1940, als sie im Ghetto Bendzin waren; sie wurde auf dem Friedhof von Czeladz bestattet.

Am 1. August 1943 wurde ihr Bruder nach Auschwitz deportiert.

Am 3. August 1943 wurden Rachela und ihr Vater nach Auschwitz verschleppt. Sofort nach der Ankunft wurde ihr Vater in die Gaskammer geschickt - genau an seinem 53. Geburtstag...

Rachela wurde auf dem rechten Arm die Nummer **52816**[5] tätowiert und später von Rozka[6] Rembiszewska (der Freundin ihres Bruders, Foto S. 112) gedrängt, dem Frauenorchester[7] von Auschwitz-Birkenau im "A-Lager",[8] Block 12, beizutreten. Sie war 21 Jahre alt. In den nächsten 15 Monaten spielte sie Mandoline, um zu überleben.

---

[5] Vgl. S. 14 sowie Umschlag-Titelfoto und S. 31.

[6] *Ruschka* gesprochen.

[7] "Das Mädchenorchester von Auschwitz war ein Häftlingsorchester im KZ Auschwitz-Birkenau. Das Orchester wurde auf Befehl der SS von der polnischen Musiklehrerin Zofia Czajkowska im Juni 1943 zusammengestellt. Bereits ab Januar 1941 gab es auch verschiedene Männerorchester von Auschwitz." https://de.wikipedia.org/wiki/Mädchenorchester_von_Auschwitz (ERW)

[8] In Auschwitz II Birkenau: "Die einzelnen Bereiche des 1,7 Quadratkilometer umfassenden Vernichtungslagers wurden *Lagerblöcke* (A, B, C etc.) genannt; sie waren nacheinander Haftort für verschiedene Opfergruppen." https://de.wi-

Am 7. Oktober 1944, zwei Tage nach seinem 27. Geburtstag, wurde ihr Bruder Dov ermordet, nachdem er am Aufstand des Sonderkommandos teilgenommen hatte, bei dem das Krematorium IV teilweise zerstört wurde.[9]

Am 2. November 1944[10] wurden die jüdischen Mädchen des Frauenorchesters mit der Bahn nach Bergen-Belsen gebracht.[11]

Am 15. April 1945 befreite die britische Armee Bergen-Belsen. Im Mai 1945 brachen Rachela und einige ihrer Freunde auf, um zu Fuß nach Eretz Israel (Land Israel) zu gelangen. Sie kamen per Anhalter 20 km weit bis Celle. Im dortigen Büro des Jüdischen Komitees begegnete Rachela ihrem zu zukünftigen Ehemann Rafael Olewski (Fotos S. 116, 119 u. 120).[12]

Am 15. Januar 1946 heiratete Rachela (24) Rafael Olewski (31), (Fotos S. 118 u. 119) den ersten Vorsitzenden der Jüdischen Gemeinde von Celle nach dem Holocaust, der zugleich eine prominente Persönlichkeit im Jüdischen Zentralkomitee von Bergen-Belsen war. Die Hochzeit fand in der wieder hergerichteten Synagoge von Celle

---

kipedia.org/wiki/KZ_Auschwitz; mit "A-Lager" ist hier wohl "B Ia" gemeint. (ERW)

[9] "Am 7. Oktober 1944 kam es zu einem bewaffneten Aufstand der Sonderkommandos im Krematorium III/IV. Davor hatte es bereits zumindest einen gescheiterten, ähnlichen Plan gegeben. Dieses Mal hatten weibliche Gefangene Sprengstoff aus einer Waffenfabrik eingeschmuggelt, und das Krematorium IV wurde damit teilweise zerstört. Anschließend versuchten die Gefangenen eine Massenflucht, aber alle 250 Flüchtigen wurden von den Bewachern kurz darauf gefasst und getötet. In der Folge wurden 451 Häftlinge ermordet, von denen nur ein geringer Anteil selbst aktiv beteiligt gewesen war." https://de.wikipedia.org/ wiki/Sonderkommando_KZ_Auschwitz-Birkenau (ERW)

[10] In der Nacht des 1. November (vgl. S. 61, Fußnote 107).

[11] https://de.wikipedia.org/wiki/KZ_Bergen-Belsen (ERW)

[12] Dazu: Rafael Olewski, Tor der Tränen – Jüdisches Leben im Schtetl Osięciny in Polen, Leiden unter NS-Terror und in Auschwitz, überleben im KZ Bergen-Belsen, dort im DP-Camp und in Celle 1914–1981. Konstanz 2014. (ERW)

statt,[13] und der Rabbiner, der die beiden vermählte, war Rafaels Bruder, der berühmte Celler Rabbi Israel Mosche Olewski (Fotos S. 120).[14]

Am 15. März 1947 brachte Rachela ihre Tochter Jochi (Jochevet Rivka) im Glyn-Hughes-Hospital (DP-Lager Bergen-Belsen) zur Welt (S. 121).

Am 3. April 1949 machten Rafael, Rachela und Jochi Alija[15] nach Israel.

Am 24. Dezember 1950 gebar Rachela ihren Sohn Arie (Jehuda Arie) in Israel (Fotos S. 121).

Rachela war eine treue Hilfe für ihren Mann, den Vorsitzenden der Organisation der Überlebenden von Bergen-Belsen (She'erít Hapletá)[16] in Israel und stellvertretenden Präsidenten des Weltverbandes der Überlebenden von Bergen-Belsen. Er starb im November 1981.

Im April 1985 reiste Rachela mit Jochi und Arie nach Deutschland und Polen, und zwar anläßlich der Feiern zum 40. Jahrestag der Befreiung des KZs Bergen-Belsen.[17] Sie kam auch nach Auschwitz und

---

[13] Vgl. Rafael Olewski, a.a.O., S. 335 ff. , Fotos S. 418. (ERW)

[14] Siehe Rafael Olewski, a.a.O., S. 327 ff., Fotos S. 416 ff. (ERW)

[15] "Aufstieg" – Einwanderung in Israel; https://de.wikipedia.org/wiki/Alija (ERW)

[16] Rafael Olewski, a.a.O., S. 311 f. (ERW)

[17] "In einem bis dahin einmaligen Vorgang kam es in der Nacht vom 12. auf den 13. April 1945 zu einem lokalen Waffenstillstandsabkommen, das zwischen der Wehrmacht und den vorstoßenden britischen Truppen ausgehandelt wurde. Die Fleckfieberepidemie im Lager ließ eine Evakuierung nicht zu, und Himmler hatte einer kampflosen Übergabe des Lagers zugestimmt. Den Angehörigen der Wehrmacht, die das Lager und die Kasernen des Truppenübungsplatzes bis zur Übergabe sichern sollten, wurde freier Abzug versprochen; für das SS-Wachpersonal war diese Zusicherung nicht eindeutig formuliert. – Am 15. April erfolgte die Übergabe des neutralisierten Gebietes, auf dem sich noch rund 60.000 ausgezehrte Häftlinge befanden. Die Befreier fanden zahlreiche unbestattete Leichen und zum Skelett abgemagerte, todkranke Menschen vor. Bergen-Belsen wurde daher zum 'Symbol für die schlimmsten Gräuel und die unmenschliche Barbarei des nationalsozialistischen Konzentrationslagersystems', insbesondere in Großbritannien, dessen Truppen es befreiten und die Rettungsmaßnahmen für die Überlebenden einleiteten." https://de.wikipedia.org /wiki/KZ_Bergen-Belsen (ERW) – *(Mit einer kleinen Delegation aus Konstanz und dem damaligen Landesrabbiner von Baden, Prof. Dr. Nathan Peter Levinson, nahm auch ich an dieser Feier zum 40. Jahrestag der Befreiung von Bergen-Belsen teil. ERW)*

suchte ihren Block (Fotos S. 129) und die Briefe ihres Bruders an sie, die sie damals in der Nähe des Blocks in der Erde vergraben hatte. Sie ging überdies nach Bendzin und besuchte dort ihr früheres Wohnhaus in der Malachowskiego-Straße 10 (Fotos S.124–126).

Rachela starb am 17. August 1987 im Alter von 65 Jahren an Krebs.

Rachela und Rafael war ihre Familie sehr wichtig. Sie konnten noch miterleben, wie Jochi im Jahre 1969 Odded Ritz heiratete,

und sie hatten das Glück, Großeltern von Jochis und Oddeds Kindern zu werden: Ayelet (1971), Ronit (1976) und Uri (1980).

Rafael starb im Jahre 1981 und Rachela im Jahre 1987, ein Jahr bevor ihr Sohn Arie 1988 Tali (Avital) Kornweitz heiratete, die Rachela noch kennenlernen konnte, bevor sie starb.

Arie und Tali haben drei Kinder: Dana Rachel (1990) und die Zwillinge Shahar Rafael und Noa (1996).

Ayelet Ritz heiratete Yohanan Benbenisti (1999); sie haben drei Töchter: Maya (2000), Noam (2004) und Shira (2008).

Ronit Ritz heiratete Aviv Bueno (2003); sie haben drei Kinder: zwei Töchter und einen Sohn: Amit (2006), Ido (2010) und Daniella (2014).

Uri Ritz heiratete Dana Satran (2012); sie haben zwei Söhne: Ran (2013) und Gal (2016) (Familienfotos S. 130).

Rachela Zelmanowicz Olewskis Zeugnis 1984

Bendzin: Der Krieg, das Ghetto[18]

Wie soll ich anfangen? In Bendzin war ich die einzige Tochter meiner Eltern und hatte einen älteren Bruder. Das Leben schien mir wunderbar. Alles, was ich brauchte, bekam ich. Ich hatte wunderbare und intelligente Eltern, die die Entwicklungen der damaligen Zeit sehr gut verstanden.

Ich besuchte eine öffentliche Schule und ging später in das Hebräische Gymnasium Fürstenberg (Fotos S. 114 u. 127).

Übrigens war Professor Jehoschua Prawer[19] (heute [1984] an der Hebräischen Universität Jerusalem)* ebenfalls dort Schüler. Es lohnt sich, etwas über ihn zu sagen. Ich weiß nicht, ob er sich daran noch erinnern kann. Professor Prawer war damals als Shiyeh Prawer bekannt. Ich erinnere mich, dass ich im ersten Schuljahr war, und er war, denke ich, in der 8. Klasse, kurz vor dem Ende seiner Schulzeit. Es gab ein Gesetz (in Polen) gegen koschere Schlachtung.

Ohne an dieses Gesetz zu denken, veranstalteten wir eine Party. Ich denke, es war Purim[20] oder Chanukka,[21] und ich gehörte auch zu denen, die diese Party organisierten. Plötzlich kam eine Gruppe von jungen Leuten, unter ihnen Prawer, Shiyeh Kaminski und andere Jungs und sagten: "Heute wird es keine Party geben!" Da sagten un-

---

[18] Dieses Interview mit Rachela Olewski wurde am 21. Mai 1984 (drei Jahre vor ihrem Tod) in Yad Vashem in hebräischer Sprache geführt und auf Tonband aufgenommen, das sich im Tonarchiv von Yad Vashem befindet. (Klara Strompf – K.S. / ERW)

[19] "Joshua Prawer (November 22, 1917 – April 30, 1990) was a notable Israeli historian and a scholar of the Crusades and Kingdom of Jerusalem." https://en.wikipedia.org/wiki/Joshua_Prawer (ERW)

* (...) = Rachela Olewski und [...] = Arie Olewski finden sich im englischen Originaltext; *kursive [...] sind vom Herausgeber eingefügt. (ERW)*

[20] Fröhliches jüdisches Fest zur Erinnerung an die Errettung des jüdischen Volkes im alten Persien durch Königin Esther; https://de.wikipedia.org/wiki/Purim (ERW)

[21] Achttägiges Lichterfest zur Erinnerung an die Wiedereinweihung des Tempels in Jerusalem im Jahre 164 v.u.Z; https://de.wikipedia.org/wiki/Chanukka (ERW)

sere Sponsoren im Gymnasium: "Doch, es wird hier eine Party geben, wir haben viele Gäste eingeladen, also wir machen die Party!" Prawer sagte: "Es wird keine Party geben, wenn das jüdische Volk trauert (wegen des Gesetzes gegen koschere Schlachtung). Wir werden nicht feiern. Wir werden hier nicht tanzen."

F (Frage): Wann war das?

A: Ich erinnere nicht genau das Jahr. Aber ich erinnere mich, dass sie [die Sponsoren] sie [die jungen Leute] aus dem Gymnasium warfen. Das war vor dem Abitur. Aber unabhängig davon durfte die Gruppe im Gymnasium den Schulabschluß machen. (Es war eigentlich kein richtiger Abschluß, da die Schule ein Lyzeum war [ein klassisches Lyzeum]: Vier Klassen - zwei Klassen Gymnasium und zwei Klassen Lyzeum). Sie waren - einschließlich Shiyeh Prawer und Shiyeh Kaminski - schon im letzten Schuljahr, denke ich, aber am Ende konnten sie ihren Abschluß machen. Sie wurden eigentlich grundlos aus dem Gymnasium rausgeworfen. Ich kann mich nicht mehr erinnern, ob die Party am Ende doch stattfand oder nicht. Ich denke, sie fand statt. Er [Prawer] weiß bestimmt noch mehr Einzelheiten als ich.

Danach, 1939 begann der Krieg. Ich war fast 18 Jahre alt. Mein Bruder diente in der polnischen Armee. Er war an der deutschen Grenze stationiert, und es gab keine Nachrichten von ihm. Am 1. September begann der Krieg. Schon während der ersten Woche marschierten die Deutschen in Bendzin ein. Sie überquerten die Grenze, und der Zug war voller polnischer Soldaten [Kriegsgefangene]. Mein Vater stand am Bahnhof und wartete: Vielleicht würde er meinen Bruder sehen, vielleicht könnte er für einen Moment rausspringen, und mein Vater könnte ihm Kleidung geben. Aber ein anderer junger Mann sprang aus dem Zug. Er war nicht aus unserer Stadt, sondern aus Lwów *[polnisch; ukrainisch Lviv; Lemberg]*, war aber in der gleichen Einheit. Mein Bruder war Gefangener im Off-Lager [Offiziers-Lager], und wir erhielten Briefe von ihm. Ich erinnere mich, dass wir am 3. [September?] die erste Postkarte erhielten.

F: War er Offizier?

A *[Antwort]:* Er war kein Offizier, er war ein einfacher Soldat, ein Kalfaktor[22] *[Ordonnanz]* eines General. Der General ging mit der ganzen Einheit in Gefangenschaft. Ich kann mich noch erinnern, dass mein Bruder uns schrieb - und er sagte es uns auch später, als er nach Hause kam -, dass er sich registrieren lassen mußte (alle Kriegsgefangenen mußten sich ausweisen und registrieren), und dann, wissen Sie, die Menschen versuchten die Identifikation zu vermeiden: "Diese sind Polen, und jene sind Juden." So, er kam herein und sagte: "Ich bin Jude." Die Deutschen sagten: "Das ist der richtige Grünspan!"[23] Und ich erinnere mich bis zum heutigen Tag an den Namen Grünspan.

Mein Vater war ein sehr tapferer Mann und schrieb ihm ins Gefängnis: "Du sollst wissen, dass sie jetzt Soldaten 'freilassen', und [tatsächlich] schicken sie diese in die Nähe von Lublin,[24] um sie dort zu erschießen. Du mußt alles tun, dass Du nicht dorthin kommst! Sag' ihnen, dass Du in Częstochowa[25] aussteigen mußt." Und sie

---

[22] Kalfaktor: jemand, der verschiedene untergeordnete Hilfsdienste verrichtet. (K.S.)

[23] "Herschel (Hermann) Feibel Grynszpan (* 28. März 1921 in Hannover; † wahrscheinlich zwischen 1942 und dem Kriegsende 1945) war ein in der Weimarer Republik geborener und aufgewachsener polnischer Staatsbürger jüdischen Glaubens, der am 7. November 1938 in Paris ein Attentat auf den deutschen Diplomaten Ernst vom Rath verübte. Dem nationalsozialistischen Regime diente diese Tat als Vorwand, um unter dem Motto Rache für den Mord an vom Rath schon lange beabsichtigte Pogrome gegen die jüdische Bevölkerung in Deutschland durchzuführen." https://de.wikipedia.org/wiki/Herschel_Grynszpan (ERW)

[24] "Lublin ist die Hauptstadt der gleichnamigen Woiwodschaft im Osten Polens und liegt rund 160 Kilometer südöstlich der Hauptstadt Warschau. Die größte polnische Stadt östlich der Weichsel ist mit über 340.000 Einwohnern (Stand: 30. Juni 2014) die neuntgrößte Stadt des Landes. Lublin ist Sitz von fünf Universitäten." https://de.wikipedia.org/wiki/Lublin (ERW)

[25] "Częstochowa (deutsch Tschenstochau bzw. Czenstochau) im Süden Polens gelegen, ist mit über 230.000 Einwohnern die nach Katowice (Kattowitz) zweitgrößte Stadt der Woiwodschaft Schlesien." https://de.wikipedia.org/wiki/Częstochowa (ERW)

holten ihn tatsächlich aus dem Gefängnis. Moniek Morin[26], der der damalige Vorsitzende der Gemeinden von Zaglembie[27] und Bendzin war, brachte ihn nach Hause. Morin konnte sicher sein, weil mein Vater alles arrangierte, was dafür nötig war.

Mein Bruder blieb mit uns zusammen bis zur Deportation aus Bendzin. Er kam mit uns ins Ghetto, und er mußte arbeiten. Das bedeutete, man arrangierte, dass er arbeiten würde, und mit etwas Nachhilfe wurde er Polizist im Ghetto. Aber alles, was er wollte, war, die Grenze zu überqueren und zu kämpfen. Er wollte wirklich nach Frankreich entkommen und gegen die Deutschen kämpfen. Meine Mutter war nicht einverstanden. Er hatte auch eine Bescheinigung, dass er nach Eretz Israel einwandern kann, nicht genau eine Bescheinigung, aber vielleicht [eine Erlaubnis] mit Alija Bet [illegale Einwanderung],[28] glaube ich. Ich erinnere nur die Szene, wie er aufgeregt mit seinen Stiefeln auf seinem Bett lag und den ganzen Tag nichts aß. Meine Mutter sagte: "Wenn du nach Israel, nach Palästina gehst, wirst du der Erste sein, den ein Araber angreift. Ich will

---

[26] Mosche (Moniek) Morin: Regionaler Judenrat-Vorstand von Sosnowiec: "Sosnowiec (deutsch Sosnowitz), ist eine polnische Großstadt an der Schwarzen Przemsa in der Woiwodschaft Schlesien – rund 10 km östlich der Bezirkshauptstadt Kattowitz (Katowice) und 65 km nordwestlich von Krakau im Osten des Oberschlesischen Industriereviers gelegen, als Zentrum der historischen Region Zagłębie Dąbrowskie (deutsch *Dombrowaer Kohlenbecken*). Industriezweige sind u.a. die Metall- und Textilverarbeitung." https://de.wikipedia.org/wiki/Sosnowiec (ERW)

[27] Zaglembie ist eine Region im Bezirk Kattowiz in Südwestpolen; in der Stadt Zaglembie und in den Nachbarstädten lebten vor dem Zweiten Weltkrieg etwa 100.000 Juden; die größten Gemeinden waren in Bendzin und Sosnowitz. https ://www.zaglembie.org/en/about-us/about-zaglembie; Arie Olewski zufolge galt Bendzin als "Jerusalem der Zaglembie". (ERW)

[28] "Alija Bet *(...)* war der Codename für die Einwanderung Tausender Juden aus Europa in das Britische Mandatsgebiet Palästina von 1934 bis zur Staatsgründung Israels 1948. Da die britische Regierung für die Einwanderung strikte Quoten festgelegt bzw. zeitweise jede Einwanderung vollständig verboten hatte, war diese Einwanderungswelle nach britischem Recht illegal. Ihr wurde von der Mandatsmacht dadurch begegnet, dass jüdische Flüchtlinge aufgegriffen und in Internierungslager auf Zypern verbracht wurden. Im heutigen Israel wird diese Einwanderung auch als Ha'apala *(...)* bezeichnet." https://de.wikipedia.org/wiki/Alija_Bet (ERW)

nicht, dass das geschieht." Er war der Anführer der Beitar-Bewegung[29] in Bendzin.

F: Was ist der Name Ihres Bruders? Was war Ihr Mädchenname?

A: Zelmanowicz. Mein Bruder hieß Beniek Zelmanowicz und er nannte sich selbst "Dov Ben Barak". Heute [1984] ist sein Bild im Untergeschoß des Jabotinsky[30]-Hauses in Tel Aviv ausgestellt. Er war, wissen Sie, ein Hitzkopf. Deswegen hat meine Mutter ihm nicht erlaubt wegzufahren. Sie sagte: "Du wirst sofort aufspringen, der Erste, der in den Krieg zieht, und das will ich auf keinen Fall. Ich habe nur einen Sohn." Deswegen ist er geblieben, wegen seinen Eltern blieb er daheim. Später wurde er nach Auschwitz deportiert. Er hatte gerade noch die Möglichkeit, uns in einem Bunker einzuschließen, dann war er weg.

F: Im Ghetto?

A: Er hat uns eingeschlossen und ging. Die Deutschen erwischten ihn, ich sah es durch ein Loch an der Tür. Sie stellten ihn in die Reihe. Er warf seine Uniform fort, seinen Hut, alles.

F: Und er hat Auschwitz erreicht?

A: Er kam am 1. August *[1943]* in Birkenau an, als die Deportation begann. Das war die große Deportation, vermutlich die letzte. Und das war's, so geschah es im Ghetto. Es gibt noch viele andere Geschichten.

---

[29] Siehe S. 10, Fußnote 3.

[30] "Wladimir Zeev Jabotinsky (...); geboren 1880 in Odessa; gestorben 1940 in Hunter, USA) war ein russischer Zionist und Schriftsteller aschkenasischer Abstammung. Er war Gründer der Jüdischen Legion im Ersten Weltkrieg sowie der Begründer des nationalistischen und insbesondere des revisionistischen Zionismus." https://de.wikipedia. org/ wiki/Wladimir_Zeev_Jabotinsky (ERW)

F: Was erinnern Sie aus dem Ghettoleben? Die Polizei? Bei der Polizei war ein Mann namens Hirsch Barenblat.[31]

A: Barenblat? Ja, Heniek Barenblat. Ja, ich kannte ihn. Später wurde er durch eine andere Person ersetzt, jemand mit dem Namen Goldmintz.

F: Erinnern Sie etwas, was sie taten? Irgend etwas, was dort geschah?

A: Ich weiß nicht, ob sie etwas gemacht haben... Man erzählt Dinge über ihn... Aber ich glaube nicht, dass irgend etwas von ihnen abhängig war.

Im Ghetto: ich erinnere mich an meine Freundinnen, auch wenn mein Bruder ihnen sagte: "Morgen kommt ihr nicht raus, ihr werdet im Haus bleiben!", wollten sie trotzdem sehen [was auf der Straße geschah], sie haben sich angekleidet und gingen raus. Er sagte: "Ihr müßt im Haus bleiben und dürft nicht rausgehen!" Er, mein Bruder [der tapfer war, sich aber wegen uns Sorgen machte], sagte mir auch: "Denk' bloß nicht, dass jemand von deinen Freundinnen oder sogar du selbst, wenn wir Kartoffeln verteilen, daß du die erste bist, die etwas bekommt. Ich werde euch kein besonderes Privileg gewähren. Dort sind Menschen, die schon seit 4 Uhr früh in der Schlange stehen, du wirst keine besondere Rücksicht erfahren."

F: Hat er das gesagt, weil er Polizist war?

A: Ja. Er hat sich an die Ordnung gehalten. Er sagte immer: "Du bekommst keine Vergünstigung, weder du, noch deine Freundin-

---

[31] Hirsch (Zvi) Barenblat, der Stellvertretende Chef der Jüdischen Polizei (1941–1943) in Bendzin, früherer Orchester-Dirigent: "TEL AVIV, Feb. 5 *(1964)*–The first Jew to be convicted for having collaborated with the Nazis as a Jewish community official was sentenced today to five years' imprisonment. – Hirsch Barenblat, 49, years old, whose conviction was announced at the same time, was head of the Judenrat's militia in Bendzin, Poland, during World War. He was thus chief of the police arm of the controversial Jewish Council appointed by the Nazis in Bendzin." https://www.nytimes.com/1964/02/06/archives/israeli-is-guilty-as-aide-of-nazis-tel-aviv-court-rules-jew.html (ERW)

nen." Er war solch ein ehrlicher Mensch, Sie können sich das gar nicht vorstellen. Mein Bruder war der Anführer des Beitar, und es gab einen hochrangigen Polizisten namens Molczadski,[32] der alle Revisionisten und Beitar-Mitglieder aus der Polizei entfernen wollte, um dann ausschließlich seine eigenen Leute hereinzuholen. Aus diesem Grund schickte mein Vater einen Boten zu Molczadski, um ihn darum zu bitten, meinen Bruder [bei der Polizei] zu behalten, sodass er nicht in ein anderes Lager geschickt wird (er war vorher schon in einem Kriegsgefangenenlager). Mein Bruder stand gerade Wache an der Tür, wo Molczadski arbeitete, und er ließ den Boten - der kam, um ihm zu helfen! - nicht durch. Er sagte: "Molczadski sagte mir gerade, ich soll niemanden zu ihm reinlassen, also werden auch Sie hier nicht eintreten!" - Verstehen Sie das? - Aber er war auch eine freundliche Person. Sie treffen nicht oft solche Menschen.

F: War er jünger als Sie?

A: Nein, er war vier Jahre älter als ich. - Er wäre auch nicht [im Ghetto Bendzin] geblieben, wenn nicht wegen seiner Freundin (Foto S. 112). Sie drängte ihn, der [jüdischen] Polizei beizutreten. Auch in Auschwitz habe ich ihr zu verdanken, dass ich überlebt habe. Sie war eine Art von Person, die Entscheidungen treffen konnte, solche Menschen wissen immer, wie sie sich entscheiden sollen.

Als wir mit dem Zug in Auschwitz ankamen, sagte sie: "Geh' jetzt aufrecht!" Sie war - wissen Sie - eine Art Anführerin, sie hatte die Kraft zur Menschenführung. Ich hatte immer das Glück, Menschen zu treffen, die entscheiden konnten, die diese Art von Führungsstärke besaßen, und ihretwegen bin ich hier.

Wir waren in Block 15 im A-Lager,[33] als wir ankamen und sie [die Deutschen] fragten: "Wer kann ein Instrument spielen?", sagte sie zu mir: "Du kannst spielen!" Ich antwortete: "Bist du verrückt? Ich bin hier in Auschwitz! Ich habe in der Grundschule Mandoline

---

[32] Chaim Molczadski, Vorsitzender des Judenrates von Bendzin.

[33] Rachela war nach ihrer Ankunft zunächst in Block 15, nachdem sie dem Orchester beigetreten war, in Block 12; vgl. dazu S. 11, Fußnote 8.

gespielt, das ist das einzige, was ich kann." – "Macht nichts, du hast nichts zu verlieren! Vielleicht triffst du deinen Bruder; vielleicht triffst du deinen Vater. Vor allem raus hier! Vielleicht kannst du mich später holen. Eine von uns sollte draußen sein."

F: Wie hieß sie?

A: Rozka Rembiszewska, sie wollte meinen Bruder heiraten (Foto S. 112). Sie haben es nicht geschafft. Aber sie waren schon... Sie hat schon mit uns gelebt, weil ihre Eltern bereits bei der ersten Deportation abgeholt wurden.

F: Wie lange waren Sie im Ghetto? Von wann bis wann? Erinnern Sie sich?

A: Ich kann mich nicht erinnern. Damals sind wir so oft umgezogen. Als die Deutschen in die Stadt *[Bendzin]* einmarschierten, machten sie zuerst die Hauptstraße "judenrein". Wir lebten in der Hauptstraße und mußten in eine andere Wohnung umziehen. Aus dieser Wohnung zogen wir weiter in eine Wohnung von Polen. Wir haben dort ein Zimmer und eine große Küche bekommen. Danach mußten wir die Küche anderen Leuten abgeben. Wissen Sie, wir zogen dauernd um, ich erinnere mich nicht an die Daten, aber bis 1943 war ich im Ghetto, hier in Kamionka,[34] und so weiter.

F: Was haben Sie gemacht?

A: Ich arbeitete im Rossner-Shop.[*] Ich nähte, ich lernte Nähen. Bis heute weiß ich, wie man Knopflöcher macht. Wir arbeiteten dort, alles junge Leute. Wir hatten Arbeitskarten und dachten, wir sind dadurch [geschützt]. Wir dachten, uns kann nichts passieren. Mein Vater arbeitete. Meine Mutter starb 1940. Die Wohnung war feucht,

---

[34] Kamionka war eine Vorstadt zwischen Bendzin und Sosnowiecz, wohin man die Juden von Bendzin brachte. (Arie Olewski – A.O.)

[*] Alfred Rossner, deutscher Industrieller, der in Bendzin eine Textilfabrik betrieb und für die deutsche Wehrmacht produzierte – als "Gerechter unter den Nationen" nominiert. (ERW)

und sie litt unter Rheuma. Sie war von Arthritis geplagt und ist von uns gegangen.

F: War das im Ghetto?

A: Ja, im Ghetto. Mein Bruder wurde schon vor uns deportiert, ich blieb zurück mit meinem Vater und mit Rozka. Wir lebten bereits zusammen.

F: Und Ihr Vater ging in...?

A: Das ist auch eine Geschichte für sich. Er war ein "Mentsch",[35] eine große Persönlichkeit! Vor dem Krieg arbeitete er bei einer Firma als Manager für Wohnhäuser und Fabriken. Er war der Finanzverwalter und verwaltete verschiedene Häuser. Sein Chef war ein sehr reicher Mann und hatte viele Häuser; also mein Vater war der Manager in diesem Geschäft. Im Ghetto arbeitete er im Braun-Shop[36] und wurde dort der Manager. Einmal besuchte ich ihn und sah, dass er selbst alle Arten von Kartons aus den Regalen holte [es war ein Schuhgeschäft]. Alle jungen Leute saßen dort herum, und er hat alles allein gemacht. Also fragte ich ihn: "Papa, warum? Warum sind sie dann hier?" Er antwortete: "Hör' zu, anstatt sie zu fragen, mache ich das lieber selbst." Statt sie zu fragen und sie sich weigern würden, wollte er kein Risiko eingehen und machte lieber die ganze Arbeit allein. Er war generell eine gebende Person. Das habe ich von ihm gelernt: zu geben, anderen zu geben. Ich spüre immer eine große Befriedigung, wenn ich gebe. Die letzten Dinge, die er hatte - auch wenn das eine kleine Flasche Jod war - hat er weggegeben.

Im Bunkerversteck

F: Wann wurde er [der Vater] *deportiert?*

---

[35] Jiddisch: ein wahrer Mensch. (ERW)

[36] Fabrik, Geschäft. (ERW)

A: Er wurde 1943 zusammen mit mir deportiert. Und er kam an... Aber vielleicht spreche ich zuerst über den Bunker. Wir waren im Bunker innerhalb eines Raumes. Wir gingen in den Bunker durch ein Loch in der Wand, und mein Bruder stellte einen Wandschrank vor das Loch. Der Bunker war ein großer Raum mit einem Schrank und einem Eimer Wasser.

F: War das unter der Erde?

A: Nein, es war innerhalb der Wohnung, im Raum.

F: Ein Innenraum?

A: Ja. Es gab dort eine Wand, und an der Wand stand ein Schrank. Es gab alle Arten von Episoden, an die ich mich jetzt erinnere. Wir hatten einen Eimer mit Wasser und einen anderen Eimer als Toilette. Wir waren dort drei Tage lang, und jemand benutzte irrtümlich statt den Toiletten-Eimer den Trinkwasser-Eimer. Wir mußten dieses Wasser trotzdem trinken. Es war sehr heiß, es war im August.

F: War das vor der Deportation? Das war vermutlich im Juli.

A: Die Deportation war im August. Es war sehr heiß im Bunker; es gab nur kleine Fenster, und manche Leute konnten diese Umstände nicht ertragen. Sie mußten hinuntergehen.

F: Wie viele Menschen waren im Bunker?

A: Alle Leute, die in diesem Haus wohnten, ich weiß nicht mehr genau, wie viele. Es waren viele Menschen dort. Wissen Sie, jeder versuchte zu entkommen. Es geschah, dass ich in jener Nacht auf Wache war. Ich saß mit jemandem zusammen, wir überwachten die Fenster und sahen draußen einige Aktivitäten. Dann rannte ich, ich erinnere mich, ich bekam Durchfall. Ich sah die Deutschen näherkommen. Wir begannen zu rennen [in den Bunker]. Mein Bruder war zufällig im Haus, er schob den Schrank vor das Loch in der Mauer und ging hinaus. Ich habe die Frage gehört: "Wo sind sie alle?" Er antwortete: "Ich suche sie auch. Ich kam herein, und es war niemand im Haus." So brachten ihn die Deutschen fort.

F: Wer hatte den Bunker im voraus eingerichtet?

A: Ich weiß nicht. Dies war ein Bunker; sie schlossen die Mauer in diesem Raum.[37] Aber davor[38] waren wir in einem Bunker, wissen Sie, unter der Erde, wie ein Keller. Da war eine Tür, die man aufmachen konnte, und die Leute gingen hinunter. Ich blieb damals oben im Zimmer. Ich dachte, da ich einen *[Arbeits-]*Ausweis vom Shop hatte, würde man mich nicht festnehmen. Alle gingen mit ihren Kindern hinunter, und das war's. Es gab jüdische Polizisten, wenn sie kamen, haben sie den Deutschen sozusagen "geholfen", die Menschen zu suchen. Sie schoben das Sofa und einen Schrank direkt auf die Öffnung im Fußboden, sie schauten umher und warfen alle Sachen in die Mitte des Raumes, genau dorthin, wo die Öffnung zum Bunker war.

F: Warnten Sie, dass eine "Akzia" [Aktion, Razzia, Verhaftung] kommt?

A: Wir haben es nicht immer gewußt.

F: Wie wußten Sie, wann Sie in den Bunker gehen mußten?

A: Wissen Sie, wenn wir sie näherkommen sahen, begannen alle zum Bunker zu rennen. Und alle waren immer bereit: Alle hatten ihr eigenes Gepäck, alles fertiggepackt, sodass man nur zugreifen mußte und losrennen konnte.

F: Wissen Sie, was mit den Juden geschah, die deportiert wurden?

A: Haben wir gewußt? Wir haben nicht genau gewußt. Wir wußten nur, was sie [die Deutschen] vorbereiten. Das ist eine andere Geschichte. Als ich noch in der Hauptstraße wohnte, gab es ein Transport, der aus Auschwitz [aus dem Städtchen Oświęcim[39]] kam. Diese

---

[37] "This was a bunker; they closed the wall in that room."

[38] Offensichtlich in einer anderen Wohnung.

[39] "Oświcim, deutsch Auschwitz, ist eine am Fluss Soła gelegene polnische Stadt in der Woiwodschaft Kleinpolen im südlichen Teil des Landes, rund 50

Leute kamen, und wir haben eine junge [jüdische] Frau aus Auschwitz als Gast in unser Haus, in unsere Wohnung aufgenommen. Sie hatte einen polnischen Freund [ihn ließen die Polen in Oświęcim]. Als er sie besuchen kam, sagte er: "Wißt ihr nicht, was sie in Auschwitz machen? Sie bauen ein Riesenlager." Das ist alles, was wir wußten.

F: Woher hat er das gewußt?

A: Er wußte es. Er arbeitete dort. Er arbeitete in Auschwitz beim Aufbau des Lagers. Er hatte seinen Arbeitsplatz dort. Und er sagte ihr das. Aber er selber hat auch nicht gewußt, was dort sein sollte. Die Juden kamen in Bendzin an, sie kamen auch nach Sosnowiecz[40] und wurden auf verschiedene Häuser verteilt. Wir haben auch jemanden aufgenommen, und sie sagte, dass er *[ihr Freund]* berichtet hat, dass dort ein großes Lager gebaut wird. Aber alles haben wir nicht gewußt. Wir haben noch gar nichts gewußt. Wir wußten von Arbeitslagern, das wußten wir. Man hat Menschen nach Annaberg[41] und in verschiedene andere Arbeitslager geschickt, sogar Jungen und Mädchen. Das war alles, was wir wußten. Und wir glaubten nicht, dass sie die Leute in Arbeitslagern festhalten. Sogar Moniek Morin ermunterte junge Leute, in ein Arbeitslager zu gehen. Er sagte: "Wenn ihr dort hingeht, können wir hier vielleicht ältere Menschen retten." Und er versprach, daß es dort Arbeit gibt.

Kilometer westlich der Woiwodschaftshauptstadt Krakau." https://de.wikipedia.org/wiki/Oświęcim – Einst eine zu 80 Prozent jüdische Stadt. (ERW)

[40] Vgl. Inka Wajsbort, Im Angesicht des Todes – Von Chorzów über Zawiercie, Tarnowitz, Tschenstochau durch Auschwitz nach Malchow und Oschatz. Jüdische Schicksale in Oberschlesien 1939–1945. Konstanz 2000. (ERW)

[41] Das Zwangsarbeiterlager Annaberg wurde 1940 bei Sankt Annaberg im Landkreis Groß-Strelitz (Gau Schlesien bzw. Oberschlesien) errichtet. Es war zunächst für den Einsatz von Zwangsarbeitern beim Bau einer neuen Reichsautobahn-Trasse vorgesehen. Es war eines von 16 Arbeitslagern zum Ausbau der geplanten RAB 29 (der heutigen polnischen A4) von Breslau nach Kattowitz. Zuerst wurden polnische Zwangsarbeiter ins Lager gebracht. Ab Herbst 1940 wurden sie durch jüdische Gefangene aus den Sammellagern in Bendzin, Sosnowicz und Czeladz ersetzt. (K.S.)

F: Was war seine genaue Position?

A: Er war der Gemeindevorsteher *[der jüdischen Gemeinden]* von Zaglembie, Sosnowiec[42] und Bendzin.

F: Und was war seine Aufgabe?

A: Er war der Chef für alles. Er war von den Deutschen ernannt. Er hat übrigens immer gesagt, dass die Geschichte ihn beurteilen wird, ob es gut oder schlecht war, was er getan hat. Er informierte die Deutschen - das sagte man, aber es waren nur Gerüchte –, dass die Jugend der Bewegungen: "Hanoár Hatzióni",[43] "Gordónia",[44] also alle Jugendbewegungen, Dokumente aus Paraguay und Uruguay bekamen, damit sie in das Internierungslager[45] gehen können. Er sagte: "Wenn ihr entkommt, würde ich mit den alten Leuten zurückbleiben." Also man beschuldigte ihn, dass er die Deutschen darüber informierte. Aber mit dem letzten Transport, als meine engsten Freunde deportiert wurden, mit diesem Transport deportierten die Deutschen auch ihn und seine Verwandten, und alle sind in Auschwitz verschwunden.

F: Haben Sie Chajkeh Klinger[46] in Bendzin getroffen?

A: Ich hörte von ihr, habe sie aber nicht persönlich gekannt. Ich habe von ihr nur gehört. Sie war gut bekannt.

F: Haben sie damals oder später von ihr gehört?

---

[42] Siehe S. 18, Fußnote 26.

[43] Siehe S. 10, Fußnote 4.

[44] Linksgerichtete jüdische Jugendorganisation, 1925 in Polen gegründet, beruhte auf den Ideen von Aharon David Gordon (1856–1922), der einen idealistischen, nicht-marxistisch-sozialistischen Zionismus vertrat; https://de.wikipedia.org/wiki/Aharon_David_Gordon (ERW)

[45] Austausch-Lager für ausländische Staatsbürger.

[46] Sie war eine der Führerinnen der "Haschomér Hatzaír"-Jugendbewegung in Bendzin; Chajkeh ist der Spitzname von Chaya. (Arie Olewski – A.O.)

A: Ja, damals. Wissen Sie, da waren Mädels, die berühmt waren und Jungs, die berühmt waren.

F: Warum war sie sehr bekannt?

A: Sie war sehr aktiv, hörte ich. Aber, sagen wir, Bobe Graubard..., haben Sie jemals von Bobe Graubard gehört, dass die Deutschen... [ihn gleich am Anfang des Krieges getötet haben]? Er war Trotzkist. Einziger Sohn seiner Eltern. Welch großer junger Mann! Die Deutschen haben später seine Kleidung seinen Eltern geschickt. Dann waren auch noch andere aus unseren Jugendbewegungen, vom "Hanoár Hatzióni"[47] waren auch einige junge Leute dabei...

F: Welche Jugendbewegung?

A: Ich war in der "Hanoár Hatzióni"-Jugendbewegung, und einige meiner Freunde, die hier [in Israel] leben ("Kuba" Rosenberg, der die Gewehre von Schwartz stahl[*]) - diese Jungs waren sehr aktiv. Ich persönlich war nirgendwo aktiv. Ich war eine, die immer nur zu Hause saß. Ich habe nichts gewagt. Alle meine Freunde gingen auf die *Farma* - eine landwirtschaftliche Farm[48] für alle Jugendbewegungen. Aber ich habe nicht ein einziges Mal daran gedacht, dorthin zu gehen und meine Eltern zu verlassen. Was könnte meinem Vater und meiner Mutter geschehen, wenn ich sie einen Tag lang nicht sehen würde?

F: Wo war diese landwirtschaftliche Farm?

A: Die landwirtschaftliche Farm war außerhalb von Bendzin, und alle Jugendliche von "Hanoár Hatzióni", "Gordónia" und allen anderen Jungendbewegungen waren dort. Das war eine wohlbekannte Geschichte. Dort war auch Arie Bentov, [heute - 1984] ein Anwalt, ei-

---

[47] Siehe S. 10, Fußnote 4.

[*] Nicht mehr aufklärbar. (ERW)

[48] Dazu: Erhard Roy Wiehn (Hg.), Wer hätte das geglaubt – Erinnerungen im Kibbuz Buchenwald – Nétzer Seréni an Hachschará und Konzentrationslager 1939–1945. Konstanz 2010; https://de.wikipedia.org/wiki/Hachschara (ERW)

ner meiner Freunde. Heute [1984] lebt er in Tel Aviv. Er war in Bendzin aktiv.

Die Deportation nach Auschwitz

F: Die Deportation nach Auschwitz. Wie war die Deportation?

A: Am Dienstag [3. August 1943] war es sehr heiß. Es gab nichts zu trinken. Wir sahen, wie es geschah, wir sahen durchs Fenster, wie die Menschen abgeführt wurden. Mein Vater sagte: "Was mit allen anderen geschieht, wird auch mit uns geschehen. Wozu sitzen wir dann noch hier?"

Wir waren nicht solche Menschen, die... Sie wissen schon; wir wußten nicht, was los war. Wir sahen Leute, Verwandte, Menschen, mit denen wir vertraut waren, alle gingen, alle versammelten sich. Wir dachten: "Oh, schon wieder? Vielleicht lassen sie uns frei. Wir haben Dokumente, Arbeit, also gehen auch wir hinunter. Es gibt keine andere Alternative." Und als ich hinunterging, traf ich die Familie meiner besten Freundin, ihr Vater hat sich nur an den Kopf gefaßt und sagte: "Man hat sie erschossen!" Sie war ein hübsches Mädchen und hatte ein gutes Herz. Wo kann man heute Mädchen treffen wie sie? Eine, die allen hilft? Sie brachte Essen zu ihren Freunden, deren Eltern schon deportiert waren; ein liebenswürdiges und bildschönes Mädchen. Sie wollte ein Dokument holen, und man hat sie erschossen. Das war damals der erste Zwischenfall. Danach brachten sie uns mit der Bahn nach Auschwitz-Birkenau. Es war sehr heiß.

F: Können Sie sich an irgend etwas während dieser Fahrt erinnern?

A: Ich habe mich nicht gut gefühlt. Ich war sehr dünn. Wissen Sie, ich denke, weil ich immer nicht richtig aß und meine Eltern mich zum Essen drängten, mußte ich auch in Auschwitz nicht essen. Ich brauchte nur ganz wenig. Wissen Sie, ich war keine Person, die daran gewöhnt war, regelmäßig zu essen, um dann plötzlich damit aufhören zu müssen. Zu Hause habe ich auch nicht viel gegessen, das ist alles.

Als ich in Auschwitz ankam, wartete mein Vater darauf, was jetzt geschehen wird. Er konnte sich sehr gut orientieren. Als wir vom Bunker hinuntergehen mußten und deportiert wurden, gab er mir ein kleines Beutelchen [mit Diamanten, Goldmünzen, usw.] und sagte: "Wenn du deinen Bruder triffst, wirst du es mit ihm teilen. Gib ihm die Hälfte, und du nimmst die Hälfte. Mach' dir meinetwegen keine Sorgen. Du kennst mich, ich kann sogar mit einer einzigen Kartoffel überleben."

F: Wie alt war er?

A: Er feierte gerade seinen 53. Geburtstag [am gleichen Tag] und sagte: "Weißt du, ich kriege das schon hin, ich weiß, wie man arbeitet. Mir wird nichts passieren. Aber du mußt weitermachen." Ich bin mit Rozka [aus dem Zug] ausgestiegen, und man hat ihn *[Vater]* gleich mitgenommen. Ich habe ihn noch gesehen, wie er auf einen LKW stieg... Ich verstand nichts. Was ist das? Alle Männer wurden separiert, die Deutschen mit Hunden... Ich stand da mit Rozka, und sie sagte: "Warte mal. Jetzt kommen sie. Du mußt aufrecht stehen! Zeig' ihnen, dass du stark bist!"

Plötzlich kam eine Frau und legte ein Baby in Rozkas Hände. Ich sagte: "Hör' zu, wozu hast du das Baby genommen? Ist es dein Baby? Wenn jemand sein Kind verläßt, bist du nicht verpflichtet, es zu übernehmen." So legte sie das Baby zur Seite, und wir gingen in der Reihe weiter.

Sie machten Selektionen. Wir standen bei denen, die das Lager betraten. Wir kamen nach Birkenau. Als wir dort ankamen, betraten wir zuerst die Sauna – einen Baderaum. Zuerst haben sie überall unsere Haare abrasiert... und sie gaben uns Kleider... Die Leute versteckten in ihren Kleidern Diamanten und andere Dinge. Sie nahmen meinen Ring. Sie nahmen alles. Ich persönlich wollte nicht in Schwierigkeiten kommen, so gab ich ihnen sofort alles, weil es auch heute in meiner Natur liegt, dass Juwelen mir nichts bedeuten. Ich bevorzuge immer ein gutes Leben, statt Juwelen und solche Dinge zu besitzen. Sie bedeuteten mir nichts, also ich habe sie glücklicherweise abgegeben. Warum sollte ich mich damals um diese Juwelen sorgen? Ich sah die Situation. Sie nahmen unsere Schuhe, sie nahmen alles, und wir blieben ohne Schuhe. Sie gaben mir einen Lumpen als Kleid, und das war alles, was ich hatte. Sie jagten uns in einen Block. Sie gaben mir Holzschuhe, die noch in derselben Nacht gestohlen wurden, wissen Sie, in einem Moment, von Leuten, die dort mit mir zusammen waren...

F: Wann bekamen Sie die Nummer auf Ihren Arm tätowiert?

A: Dann gingen wir zur Tätowierung, ja, dort in der Sauna. Ich habe eine große Nummer: **52816.**[49] Diese Nummer wurde tätowiert von einer Jüdin aus der Tschechoslowakei - nicht aus der Slowakei. Ich unterscheide zwischen beiden, weil die Tschechen wunderbar sind; auch unter den Slowaken sind einige wunderbar. Aber sie sagte mir: "Ti polska świnia! (Du polnisches Schwein!) Du warst immer noch in deinem Haus... [als ich hier ankam]", sie sagte: "Du hast gut gegessen, was? Nur bis zu diesem Tag! [Aber nicht mehr!]" Und sie [die mich tätowierte], die Elende, sie war schon damals im Lager. Nur aus Eifersucht machte sie bei diesem Transport allen diese grossen Nummern, sodass sie gut sichtbar waren. Dort war eine Gruppe von Juden aus Deutschland, die kleine Nummern hatten, die man kaum sehen konnte. Und wir haben diese. Sehen Sie? Das ist hier ein Winkel, ein Dreieck. Das heißt, ich bin eine Jüdin. Da gab es alle Sorten von Symbolen.

Also dies geschah: Wir gingen in den Block [15], bekamen ein bißchen Wasser oder etwas Ähnliches und ein Stückchen Brot.

---

[49] Siehe Umschlag-Titelfoto und S. 14; dazu: Danuta Czech, Kalendarium der Ereignisse im Konzentrationslager Auschwitz-Birkenau 1939–1945. Frankfurt a.M. 1989: "3. August (1942) – Mit einem Transport des RSHA *(Reichssicherheitshauptamtes)* sind ungefähr 3000 jüdische Männer, Frauen und Kinder aus dem Ghetto in Sosnowitz eingetroffen. Nach der Selektion werden 404 Männer, die die Nummern 13096 bis 134499 erhalten, sowie 448 Frauen, die die Nummern 52374 bis 52821 erhalten, ins Lager eingewiesen. Die übrigen mehr als 2100 Menschen werden in den Gaskammern getötet." (S. 563) (ERW)

Ich kann mich nicht erinnern, wie viele Tage dann vergangen sind. Vielleicht hat es nicht lange gedauert, bis jemand kam und fragte, ob jemand von uns spielt...

F: Wie viele Leute waren mit Ihnen zusammen?

A: Oh, vielleicht so tausend in diesem Block. Wir waren auf dem Appellplatz. Ich war die ganze Zeit mit Rozka zusammen. Sie hat mich beschützt. Und sie hatte eine gute Orientierung, wissen Sie. Und dann kamen sie und fragten, wer spielen kann, und sie sagte: "Du gehst!" Ich antwortete: "Bist du verrückt? In Auschwitz machst du dich lustig? Warum, ich erinnere mich nicht mal, wie man Noten liest!" – "Du gehst! Du gehst hier raus!" – Sie war wirklich mein guter Engel – "du gehst hier raus! Vielleicht kannst du mir helfen, vielleicht kannst du mir Essen bringen, und vielleicht wirst du deinen Bruder oder deinen Vater sehen oder jemanden von deiner Familie. Du mußt hier raus!"

Das entscheidende Treffen

Ich möchte eine sehr interessante Geschichte erzählen, weil sie großenteils mein Leben bestimmte, sogar in Birkenau.

Als ich Anfang des Krieges (oder vielleicht um 1938, 1939, vielleicht davor) noch zu Hause war, deportierten die Deutschen jüdische Deutsche mit polnischen Pässen aus Deutschland[50] – haben Sie davon gehört? – Sie waren polnische Bürger. In der zweiten Etage über uns lebte eine ältere Frau. Sie war senil. Sie hatte einen Sohn in Berlin.

---

[50] "Als Polenaktion bezeichnete man die Ende Oktober 1938 auf Anweisung Heinrich Himmlers und in Abstimmung mit dem Auswärtigen Amt kurzfristig durchgeführte Verhaftung von mindestens 17.000 im Deutschen Reich lebenden, aus Polen eingewanderten Juden und ihre Ausweisung und Verbringung an die polnische Grenze. Die Abschiebung erfolgte gewaltsam und kam für die Betroffenen völlig überraschend. Herschel Grynszpan, dessen Eltern betroffen waren, schoss deswegen am 7. November in Paris auf den deutschen Botschaftsmitarbeiter Ernst vom Rath, der am 9. November starb, was wiederum Anlass für die Novemberpogrome 1938 war." https://de.wikipedia.org/wiki/Polenaktion (ERW)

F: War das in Bendzin?

A: In Bendzin. Er war aus Berlin und kam zu seiner Mutter. Wie Sie wissen, war es verboten, im Ghetto auszugehen. So saßen wir lange Zeit zusammen, mein Vater mit diesem Mann. Er war sehr intelligent. Sein Name war Hil [Yehiel] Grünbaum. Er hatte auch einen anderen Namen; man gab ihm den Namen eines Anwalts, der in Rußland sehr berühmt war. Ich kann mich im Moment nicht daran erinnern, welcher Name das war. Er war eine sehr gescheite Person. So saß er mit uns zusammen und erzählte über seine Tochter in Berlin, ein Mädchen in meinem Alter, das ihm Briefe schrieb. Er las mir diese Briefe vor und sagte mir, dass sie sehr kontaktfreudig war, sie war Mitglied einer Jugendbewegung, und dass seine Tochter bei ihrer Mutter blieb, weil ihre Mutter in Deutschland geboren war und ebenso die Tochter, weshalb sie [die Deutschen] sie in Berlin behielten. Er erzählte mir von ihr, und er kaufte mir Eis und sagte: "Du bist jetzt wie meine Tochter." Sie schickte ihm Kartons mit Kleidung und anderen Dingen. Er hat aber niemals etwas erhalten.

Und die erste Person, die ich im Orchester traf – war diese Tochter! Als ich zum Orchester kam und sie hörte, daß ich aus Bendzin kam, fragte sie: "Kanntest du [ihn]?" Ich antwortete: "Was meinst du, ob ich kenne?" – "Kanntest du zufällig meinen Vater oder die Plawes-Familie?" Und ich sagte: "Was für eine Frage? Moniek Plawes war mein Freund!"

F: Haben Sie vorher nicht Grünbaum gesagt?

A: Sie [Hilde] war die Tochter von Grünbaum. Plawes war ihre Tante. Und ich sagte ihr: "Ich kenne deinen Vater, wir saßen jeden Abend zusammen, und er sagte: 'Wenn Hitler nicht in einem Monat besiegt wird, werden wir alle vernichtet, einschließlich der Leute in Polen und der Juden in Polen. Ihr kennt Hitler nicht. Ich sah, was er in Deutschland tat.'"

Und als ich zum Orchester kam und sie hörte, dass ich Grüße von ihrem Vater brachte, hat sie mir sofort ein Glas Milch gegeben. Ich wußte nicht, woher sie diese Milch hatte, aber sie gab mir ein Glas

Milch. Ich kann Ihnen gar nicht sagen, wie wertvoll damals ein Glas Milch war! Auch bis heute [1984] sagt sie mir: "Du mit deinem Glas Milch!" Solange ich lebe, werde ich das nie vergessen!
F: Lebt sie noch?

A: Sie lebt in [Kibbutz] Nétzer Seréni.[51]

F: Wie ist ihr Name?

A: Ihr Name ist Hilde Ihr Mädchenname war Grünbaum, und jetzt heißt sie Zimche. Hilde Zimche.[52] Sie lebt mit ihrem Mann Piese in Nétzer Seréni. Sie war eigentlich unsere Leiterin.

Das Frauenorchester[53]

Ich komme jetzt zurück zum Thema. Als ich zum Orchester kam, sagte mir Alma Rosé: "Spiel!" - und gab mir einige Notenblätter. Ich konnte mich natürlich nicht erinnern [wie man sie liest]. Ich wußte ein bißchen von Noten, aber ich hatte den Rhythmus vergessen. So saß ich neben einer Griechin, und diese Griechin (ich habe ihren Namen vergessen) sagte mir [wie ich spielen soll]. Alma Rosé sagte ihr: "Du weißt, wie zu spielen für sie."

F: Wer war diese Alma Rosé?

---

[51] Hilde Grünbaum Zimche (Simche) lebt bis heute dort; ihr Mann Piese verstarb im Februar 2015. (Fotos S. 110 u. 123; ERW)

[52] Im November 2009 traf ich Hilde und Piese Zimche in Nétzer Seréni, als ich diesen Kibbutz mit meinem Tel Aviver Freunden Regina und Zwi Steinitz besuchte, die beide früher dort Mitglieder waren; in diesem Zusammenhang habe ich dann neu herausgeben: *Wer hätte das geglaubt – Erinnerungen im Kibbuz Buchenwald – Nétzer Seréni an Hachschará und Konzentrationslager 1939–1945–1985.* Konstanz 2010; dort finden sich Beiträge von Hilde Grünbaum Zimche S. 17 ff. u. 125 ff., dort Foto S. 8. Kaum zu glauben, aber wahr. (ERW)

[53] In der Literatur wird dieses *Frauenorchester* häufig als *Mädchenorchester* bezeichnet; zum Orchester dürften ca. 10 Buchpublikationen vorliegen; https://de.wikipedia.org/wiki/Mädchenorchester_von_Auschwitz (ERW)

A: Alma Rosé[54] war die Dirigentin. Fania Fénelon[55] schreibt über sie. Alma sagte zu der Griechin: "Julie! (Sie nannten sie Julie[56]) Spiel für sie!" Und als sie spielte - ich habe ein gutes Ohr für Musik - konnte ich den Rhythmus sofort aufnehmen, und dann konnte ich spielen. Julie hat mir den Rhythmus gegeben; sie hat mir einfach geholfen, im Orchester zu bleiben.

F: Welches Instrument haben Sie gespielt?

A: Mandoline. Das war ein Orchester mit Violinen und...

F: Wie viele Leute waren im Orchester?

A: Es waren etwa 40 Personen.

F: Frauen?

---

[54] "Alma Rosé (geboren 3. November 1906 in Wien, Österreich-Ungarn; gestorben 4. April 1944 im Konzentrationslager Auschwitz) war eine österreichische Violinistin. Sie leitete nach ihrer Deportation ins KZ das sogenannte Mädchenorchester von Auschwitz." https://de.wikipedia.org/wiki/Alma_Rosé (ERW)

[55] Fania Fénelon (geb. Goldstein, 1922-1983), französische Chansonsängerin: *Das Mädchenorchester in Auschwitz (Frankfurt a.M. 1980)*. (ERW)

[56] Julie Stroumsa hatte ich bereits 1992/93 indirekt durch ihren Bruder Dr. Jacques Stroumsa kennengelernt, als ich an seiner Überlebensbiographie arbeitete: *Geiger in Auschwitz – Ein jüdisches Überlebensschicksal aus Saloniki 1941–1967*. Konstanz 1993; dort wird Julie mehrfach erwähnt und ist auf zwei Fotos verewigt (S. 83/84). – Jacques Stroumsa war Geiger im Männerorchester von Auschwitz und schreibt: "Auf gleiche Weise hätte ich auch meine liebe Schwester Julie retten können, die Geigerin im Frauenorchester von Birkenau war. Schon daheim in Saloniki spielte mein um zwei Jahre jüngere Schwester *(geb. 1915)* Geige. Eines Tages hat man jedoch das ganze Orchester mit unbekanntem Ziel abtransportiert. Nach der Befreiung erfuhren wir, daß das Orchester nach Bergen-Belsen geschickt worden war. Dort wurde meine Schwester in den letzten Tagen vor der Befreiung ein Opfer des Typhus." (S. 55) – Der grausame Anfang vom Ende am 8. Mai 1943: "Mit einem Transport des RSHA *(Reichssicherheitshauptamts)* aus Griechenland sind 2500 Männer, Frauen und Kinder aus dem Ghetto Saloniki eingetroffen. Nach der Selektion werden 558 und 247 Frauen als Häftlinge in das Lager eingewiesen. (...) Die übrigen 1685 Menschen werden in der Gaskammern getötet." Danuta Czech, Kalendarium der Ereignisse im Konzentrationslager Auschwitz-Birkenau 1939–1945. Reinbek u. Frankfurt a.M. 1989, S. 490. (ERW)

A: Frauen. Und sie sprachen viele Sprachen. Sie waren Jüdinnen. Wir waren jüdische Frauen aus Polen, Deutschland, Griechenland. Es gab auch Russinnen. Es gab auch Nichtjuden aus Polen, Frankreich, Holland, Belgien. Das war ein Orchester! Vielleicht habe ich manche vergessen.

F: Sie lebten zusammen?

A: Ja. Wir lebten zusammen.

F: Was war das tägliche Programm?

A: Der Tagesablauf: Morgens standen wir Appell[57] im Block. Um diesen zu vermeiden, saßen wir den ganzen Tag zusammen und spielten, wir machten Musikproben, eine nach der anderen. Immer hatten wir Besuch von SS-Männern, Gestapo-Männern, wer immer im Lager war. Das Orchester war das "Baby" von Hößler. Er liebte unser Orchester. Er vermißte nur eines: ein Cello, es gab kein einziges im Orchester. Also er suchte unter den Transporten nach einer, die Cello spielen konnte.

Eines Tages kam ein kleiner Transport von einem Gefängnis, nachdem sie Mädchen an der deutsch-französischen Grenze gefaßt hatten. Er [Hößler] betrat [die Sauna], als sie Anitas Haare schon abgeschnitten hatten, und er fragte, ob jemand hier Cello spielen kann. Sie antwortete: "Ich kann." Er wußte gar nicht, was er aus Freude und Aufregung machen soll. "Oh!" Er bedauerte, dass ihre Haare abgeschnitten waren, aber die Haare ihrer Schwester waren noch nicht abrasiert. Anita sagte: "Ich gehe nur mit meiner Schwester raus! Ohne meine Schwester gehe ich keinen Schritt!" Er sagte: "Du wirst in meinem Orchester spielen!" Und er schickte ihre Schwester als Sekretärin in die Schreibstube. Sie behielt die ganze Zeit ihre Haare. Ihre Haare wurden nie abgeschnitten.[*]

---

[57] Anwesenheitsappell;

[*] "Obviously that is what Rachela thought that happened, but in reality it was quite different." Anita Lasker-Wallfisch. (A.O.)

Wir waren eine Gruppe von jüdischen Mädchen, die die ganze Zeit zusammenblieben. Eigentlich nicht alle von uns...

F: Waren Ihre Bedingungen besser als die der übrigen Insassen?

A: Wir hatten bessere Bedingungen. Vor allem standen wir nicht draußen im Regen oder Wind. Jeder "Appell" spielte sich folgendermaßen ab: Jemand kam, zählte uns, und das war's. Es gab nur einen einzigen Fall, dass jemand von uns ins Krematorium ging. Eines unserer Mädchen hatte Typhus. Sie war im Revier [Lagerhospital], und dann wurde sie ins Krematorium geschickt. Alma Rosé hat deshalb einen großen Skandal gemacht! Sie rannte zu jedem und sagte: "Hören Sie, Sie zerstören das Orchester! Wenn es Typhus im Lager gibt, nehmen sie jedesmal eines [der Mädchen], dann..."

So kam ein Befehl, dass es verboten ist, die Mitglieder des Orchesters anzurühren.

F: Es war eine Art von Abgrenzung.

A: Ich erinnere mich, ich war an Typhus erkrankt und Mengele[58] kam zu mir und fragte: "Was ist mit der?" Sie sagten: "Sie ist von

---

[58] SS-Dr. med. Josef Mengele war zuständig für die Selektionen und für die sadistischen "medizinischen Experimente" *[so im Originaltext];* "Josef Mengele (* 16. März 1911 in Günzburg; † 7. Februar 1979 in Bertioga, Brasilien) war ein deutscher Mediziner und Anthropologe. Er wurde 1937 Assistent des Erbbiologen und Rassenhygienikers Otmar von Verschuer und meldete sich 1940 freiwillig zur Waffen-SS. Nach einem Fronteinsatz als Truppenarzt bei der 5. SS-Panzer-Division 'Wiking' wurde Mengele von Mai 1943 bis Januar 1945 als Lagerarzt im Konzentrations- und Vernichtungslager Auschwitz eingesetzt. In dieser Funktion nahm er Selektionen vor, überwachte die Vergasung der Opfer und führte menschenverachtende medizinische Experimente an Häftlingen durch. Er sammelte Material und betrieb Studien zur Zwillingsforschung, zu Wachstumsanomalien, zu Methoden der Unfruchtbarmachung von Menschen und Transplantation von Knochenmark sowie zur Therapie von Fleckfieber und Malaria." https://de.wikipedia.org/wiki/Wikipedia:Haupt; – "Nach dem Ende des Zweiten Weltkriegs wurde er zwar als NS-Kriegsverbrecher gesucht, aber nie gefasst. Er starb 1979 im brasilianischen Badeort Bertioga. Mengele ertrank, als er beim Schwimmen im Meer einen Schlaganfall erlitt. 1985 wurden im Zuge einer intensivierten Fahndung seine unter falschem Namen beerdigten Gebeine entdeckt und identifiziert." https://de.wikipedia.org/wiki/Josef_Mengele (ERW)

der Kapelle [Orchester]", und er ging seines Weges. Er hat mich in Ruhe gelassen.

F: Wie sah er aus?

A: Umwerfend! Was für ein Mann! Er war wie ein Filmstar, jung und gut aussehend. Wir haben ihn alle gekannt, weil er immer...

F: Können Sie ihn beschreiben?

A: Ausgenommen die Zeit, als ich ihn [im Revier] sah, sah ich ihn einmal bei einer Entlausung oder etwas Ähnlichem. Er sah gut aus, attraktiv und großgewachsen.

F: Wußten Sie schon, wer er war?

A: Wir wußten. Er war in... wissen Sie, was sie taten...

F: [Unklar]

A: Das weiß ich nicht. Ich erinnere mich nicht. Aber ich erinnere mich, dass Dr. Klein[59] einen Stock hatte. Den benutzte er bei den Selektionen der ankommenden Transporte.

Zum Orchester: Sie organisierten das Orchester nicht für uns, sondern für sich selbst. Sagen wir so: Sie können sich vorstellen, wie ein ganzes Lager zur Arbeit rausmarschiert. Stellen Sie sich vor,

---

[59] Dr. med. "Fritz Klein (* 24. November 1888 in Feketehalom, Österreich-Ungarn, heute Codlea, Rumänien; † 13. Dezember 1945 in Hameln) war ein rumänien-deutscher KZ-Arzt. *[...]* Da in der NS-Zeit Volksdeutsche wegen der ausländischen Staatsangehörigkeit nicht zur Wehrmacht eingezogen wurden, wurde er, wie es in seiner Personalakte heißt, am 26. Mai 1943 'vorläufig' in die Waffen-SS übernommen. In einem 'vorläufigen Dienstverhältnis' wurde er als Truppenarzt in das KZ Auschwitz-Birkenau abkommandiert und im Frauenlager, im 'Zigeunerlager' und im 'Familienlager' eingesetzt. Dort führte er unter anderem die Selektionen für die Gaskammern durch. Die Ärztin Ella Lingens-Reiner, die wegen Judenbegünstigung im KZ Auschwitz inhaftiert war, zitierte seinen Vernichtungswillen gegenüber den Juden: *ein entzündeter Blinddarm, der aus dem Volkskörper entfernt werden müsse. [...]* Er wurde von einem britischen Militärgericht im Bergen-Belsen-Prozess, der vom 17. September bis 16. November 1945 in Lüneburg stattfand, zum Tode verurteilt und am 13. Dezember 1945 im Zuchthaus Hameln gehängt." https://de.wikipedia.org/wiki/Fritz_Klein_(Mediziner) (ERW)

wie langsam sie ohne Orchester marschieren würden. Sie marschierten nach dem Marschrhythmus. Was eine Stunde dauerte, hätte Stunden dauern können. Verstehen Sie? Sie stellten uns vorn auf, nahe am Tor. Jeden Morgen saßen wir da und spielten den Marsch, wenn sie zur Arbeit marschierten.

F: Wer ging hinaus zur Arbeit? Die Frauen?

A: Die Frauen. Dies war ein Frauenlager. Aber hier sah ich meinen Bruder zweimal. Er marschierte in einer Reihe nahe bei mir, und ich habe ihn nicht erkannt. Früher war er groß und stramm, und plötzlich sah ich einen kleinen, mageren, gebrochenen Mann, und ich erkannte ihn nicht! Jemand sagte mir: "Hier, hier ist dein Bruder!" Ich erkannte ihn nicht...

F: Hat er Sie erkannt?

A: Er hat mich offensichtlich erkannt. Er wußte, dass ich dort war. Er mußte mich gesehen haben. Sie gingen dort in Reihen vorbei, um duschen zu gehen. Eines Tages kam eine Frau und sagte: "Schau, du mußt ins A-Lager gehen, weil dein Bruder dort auf dich wartet, neben dem Doktor." Und ich ging, um ihn zu sehen, wissen Sie, ich werde diesen Blick [wie er mich ansah] nicht vergessen. Seine Hände waren voller Krätze, und sie war ansteckend. Er gab mir nicht seine Hand und sagte: "Hör' zu, sie werden uns hier behandeln mit... (Sie wissen..., um sie zu kastrieren. Sie machten Experimente mit Männern), und der Doktor kam nicht. Er sagte: "Schick' mir keine Delikatessen, nur Brot... und viel Brot." Ich ging zu jemandem und fragte nach Brot. Sie wollte es mir nicht geben; sie sagte, sie habe keines. So rannte ich zu meinem Block, um Brot zu holen. Als ich zurückkam, war er nicht mehr da. Sie brachten ihn zurück.

Natürlich tat ich alles, was möglich war, um ihm zu helfen. Das tat ich, ich schickte Brot.

Mein Bruder im Sonderkommando[60]

F: Wie kam er zum Sonderkommando?

A: Er arbeitete außerhalb des Lagers. 1944 sollten aus Ungarn[61] große Transporte ankommen. Deshalb hat man neue Männer für das Kommando ausgewählt. Zum Beispiel gab es ein Kommando Kanada,[62] sie mußten die Kleidungsstücke und andere Dinge sortieren [die den Leuten bei der Ankunft abgenommen wurden], oder in der "Schreibstube" brauchte man Leute.[63] So bat ich Mala[64] - haben Sie schon von Mala gehört? - Ich bat Mala, alles zu tun, was möglich war. Und sie versprach mir: "Hör' zu, ich habe einige Verbindungen, ich kenne einige Leute im Lager. Er [dein Bruder] wird zu einem dieser Kommandos gehen oder zu "Kanada" oder er wird im

---

[60] "Das Sonderkommando des KZ Auschwitz-Birkenau war ein besonderes Arbeitskommando von Häftlingen. Es bestand aus jüdischen Häftlingen des Vernichtungslagers, die dazu gezwungen wurden, die Ermordung der Deportierten vorzubereiten, sie auszuplündern und ihre Leichen anschließend in den Krematorien des KZ Auschwitz zu verbrennen. Das Kalkül der KZ-Führung bestand hierbei vor allem in der psychischen Schonung des SS-Personals. Zugleich wollte es die Zeugenschaft des Massenmordes verhindern, indem die Angehörigen des jeweiligen Sonderkommandos erschossen und immer wieder durch andere Häftlinge ersetzt werden sollten. – Die Anzahl der in das Sonderkommando gezwungenen Häftlinge variierte stark. Im Mai 1944, als über 350.000 vorwiegend ungarische Juden ermordet wurden, gehörten 874 Häftlinge dazu, während es Ende Oktober des Jahres nur noch 100 Mann umfasste. Insgesamt mussten etwa 2.200 Häftlinge im Sonderkommando arbeiten. Von diesen überlebten nur etwa 110 das Kriegsende." Dazu: Filip Müller: Sonderbehandlung. Drei Jahre in den Krematorien und Gaskammern von Auschwitz. München 1979. https://de.wikipedia.org/wiki/Sonderkommando_KZ_Auschwitz-Birkenau (ERW)

[61] https://de.wikipedia.org/wiki/Geschichte_der_Juden_in_Ungarn (ERW)

[62] https://de.wikipedia.org/wiki/Kanada_(KZ_Auschwitz) (ERW)

[63] Dazu: Erika Myriam Kounio-Amariglio, Damit es die ganze Welt erfährt – Von Saloniki nach Auschwitz und zurück 1926–1996. Konstanz 1996, 2. Auflage 2003. (Saloniki – Auschwitz: 11 Tage und 11 Nächte; ERW)

[64] "Malka ('Mala') Zimetbaum (geboren am 26. Januar 1918 in Brzesko, Österreich-Ungarn; gestorben am 15. September 1944 im KZ Auschwitz) war eine belgische Jüdin polnischer Herkunft und Widerstandskämpferin im Konzentrationslager Auschwitz-Birkenau, wo sie 1944 ermordet wurde." https:// de.wikipedia.org/wiki/Mala_Zimetbaum (ERW)

Büro arbeiten (er konnte Deutsch schreiben). Betrachte das als erledigt."

Wir gingen raus, um am Tor zu spielen, und sie machte Zeichen, dass sie glücklich ist, weil sie erfolgreich war, dass sie erfolgreich war, dass er ging zu...

Als ich zurückkehrte, hat sie nur ihren Kopf gehalten und war ganz elend. Sie sagte nur: "Nein!" ... Was geschah? Er stand in der Reihe, man suchte Männer für das Sonderkommando, und jemandem gelang es, zu entkommen. So nahmen sie die erste Person, die am Ende der Reihe stand, und sie steckten ihn ins Sonderkommando. Und das war er. Das schrieb er mir später in seinem Brief. Sie [Mala] war so unglücklich. Sie wollte mir so sehr helfen.

F: Wie sind diese Briefe bei Ihnen angekommen?

A: Ich hatte eine Freundin noch aus der staatlichen Schule, und ich war solch ein nettes Mädchen, alle liebten mich, alle waren bereit, mir etwas zu bringen... Nebenbei, ich half auch ihr, und deshalb brachte sie mir seine Briefe. Sie brachte einen Brief von ihm, und sie nahm von mir einen Brief und Essen für ihn. Bei diesen Gelegenheiten gab ich ihr auch etwas.

Woher habe ich all dieses Essen besorgt? Das ist eine andere Geschichte.

Sie riefen mich Zelmanowicz. Eines Tages kam ein Mädchen und schickte jemanden zu mir, um mich mehrmals zu rufen, aber ich antwortete: "In Auschwitz gehe ich nirgendwo hin." Ich war nicht sicher, ich wußte nicht. Ich sagte: "Wenn sie etwas will, dann muß sie zu mir kommen." So kam ein Mädchen, eine Slowakin, und fragte: "Gibt es hier jemanden namens Zelmanowicz im Orchester?" Ich antwortete: "Ja, das bin ich." Und sie sagte: "Meine Mutter ist aus der Zelmanowicz-Familie, und sie ist aus Polen. Hattest du Familie in Ungarn oder in der Slowakei?" Ich sagte ihr sofort, dass ich das nicht weiß, weil ich nicht wußte, was ich sagen sollte. Das war immer meine Antwort: "Ich weiß es nicht." Sie sagte: "Hör', es ist möglich, daß du meine Cousine bist, und ich kann dir helfen. Ich will dir helfen." Sie war Kapo[65] in der Diätküche. Wenn ich heute ihren Namen wüßte, würde ich sie suchen. Ich weiß, dass man sie Rozika nannte.

Wer hatte damals gedacht, dass wir jemals rauskommen und außerhalb dieses Ortes uns wieder treffen könnten? Also damals war es nicht wichtig, wie ihr Name war. Ich wußte nur: Rozika.

Rozika half mir. Später bat ich sie, jemandem zu helfen, und sie war immer bereit, mir zu helfen. Rozika war diejenige, die sagte: "Hör', deine Kapellmeisterin (Dirigentin) bekommt Diät-Essen. Aber sie bekommt auch reguläres Essen vom Block. Sie wird dir das reguläre Essen geben (Brot und alles, was sie vom Block bekam), ich gebe ihr Diät-Essen, und so mußt du nichts zurückgeben." Man mußte das [Extra-]Essen zurückgeben: Sagen wir, wenn sie Roggenbrot bekam, mußte eines der Mädchen dieses der Küche zurückgeben, und man konnte dafür Weißbrot bekommen. Daher sagte Rozika: "Du behältst für dich alles, was sie bekommt, und ich gebe ihr Weißbrot und schicke dir Zwiebeln und Knoblauch und alles, was du brauchst."

F: War die Diätküche für die Deutschen?

A: Sie war für die Deutschen, aber sie [Alma] war privilegiert. – Es gab ein Mädchen, und es ist mir sehr wichtig, ihren Namen zu erwähnen, weil ich denke, dass ihr Name sonst nirgendwo erscheint. Sie war Primadonna der Berliner Oper – Doris Wilamowski[66] und sie

---

[65] "Kapo, auch Capo, war die Bezeichnung der Position eines Funktionshäftlings in einem Konzentrationslager in der Zeit des Nationalsozialismus. Ein Kapo wurde zu einem Mitarbeiter der Lagerleitung und musste andere Häftlinge beaufsichtigen. Ein Kapo musste für die SS die Arbeit der Häftlinge anleiten und war für die Ergebnisse verantwortlich. Kapos erhielten für diese Dienste Vergünstigungen, wie die Zuteilung von Alkohol oder den Besuch von Lagerbordellen. In größeren Lagern wurden Oberkapos eingesetzt." https:// de.wikipedia.org/wiki/Kapo_(KZ) (ERW)

[66] Doris Wilamowski, geb. 1910 in Stettin; "gest. im Nov. 1943? im KZ *Auschwitz*-Birkenau, Sängerin (Sopran), Schauspielerin. ... Wilamowska, *Doris Wilamowski*, *Doris Wilamowski*, Dorys"; https://www.lexm.uni-hamburg.de/object/ lexm-lexmperson_00005603 (ERW)

hatte eine großartige Sopranstimme. Sie sang sehr gerne! Wissen Sie, ich wurde eine Expertin, wenn ich jemand hörte, genau wie Fania Fénelon. Sie [Doris] war Sopranistin, wissen Sie. Sie hatte eine große Stimme. Und ich erinnere, dass sie schon an Typhus erkrankt war und jemand von der Gestapo kam (an diesem Tag besuchten hochrangige Deutsche das Lager), und sie brachten ihn zum Orchester. Man holte sie aus dem Bett und sagte, sie solle singen. Und sie stand - ich sehe diese Szene als wäre es heute geschehen - nahe am Tor. Wissen Sie, sie hatte nicht mehr genug Kraft, auf ihren Beinen zu stehen. Und sang ein Lied von Sarasate,[67] es war ein herzzerreißendes Lied. Auch Hilde (Kibbutz Nétzer Seréni, die Tochter meines Nachbarn in Bendzin) erkrankte an Typhus. Wir brachten beide zusammen ins Revier [Hospital]. Hilde wurde zur Behandlung zu den anderen jüdischen Mädchen geschickt, und Doris wurde bei den Deutschen untergebracht, wissen Sie. Sie bekam ein Bett und Behandlung und Spritzen. Sie starb, und Hilde hatte Glück, wieder gesund zu werden. Das ist Glücksache. Ich sage Ihnen, ich kam zu dem Schluß, alles ist Glücksache, Schicksal und Glück.[68] Sie war eine wunderbare Frau. Generell: das war wirklich ein Orchester mit vielen qualifizierten Musikerinnen.

F: Waren auch Sängerinnen in diesem Orchester?

A: Es gab auch Sängerinnen. Eines Tages kamen zwei russische Fallschirmjägerinnen ins Lager. Eine von ihnen wurde später Blockälteste,[69] und die andere war Pianistin.[70] Sie war etwa 25 Jahre alt, aber 20 Jahren ihres Leben spielte sie Klavier. Sie war eine wahre Künstlerin. Und später - nach Almas Tod - wurde sie unsere Diri-

---

[67] Pablo de Sarasate (1844–1908), spanischer Geiger und Komponist; https://de.wikipedia.org/wiki/Pablo_de_Sarasate (ERW)

[68] Dazu: Zwi Helmut Steinitz, Durch Zufall im Holocaust gerettet. Konstanz 2012. (ERW)

[69] https://de.wikipedia.org/wiki/Funktionshäftling (ERW)

[70] Sonia Winogradovna; https://en.wikipedia.org/wiki/Women's_Orchestra_of_Auschwitz (ERW)

gentin, eine Russin. Es wurde gemunkelt, dass sie Verräterinnenwaren. Die Deutschen vertrauten ihnen nicht ganz, weshalb sie unter besonderen Bedingungen nach Auschwitz kamen. Ich weiß, dass die Russen sagten, dass diese beiden Mädchen als erste "den Preis bezahlen" nach der Befreiung - wenn es so etwas gibt.

Und wir hatten ein Orchester. Wir arbeiteten sehr hart. Wissen Sie, für jeden Fehler, den jemand im Orchester machte, mußten wir als Strafe alle stillstehen. Alma hörte; sie hörte alles. Niemand konnte hören wie sie. Wer war so erfahren in Orchester und Musik wie sie? Wir hatten eine Geigerin - heute [1984] lebt sie in Belgien, sie ist verheiratet - Hélène.[71] Sie war zweite Geigerin. Das bedeutete, dass sie regelmäßig erste Violine spielte, aber wenn Alma Rosé die erste Geige spielte, begleitete sie diese als zweite Geigerin. Sie war 16 Jahre alt! Eine einzigartige Geigerin.

F: Welche Art von Musik spielten Sie? Klassische Musik?

A: Wir spielten Sarasate und Monti und Csardas[72] und anderes..., wissen Sie. Sie [Alma] versuchte. Ich erinnere das letzte Mal, als sie uns bat "Für Elise" von Beethoven[73] zu spielen; oder Walzer - wir spielten Walzer von Strauss. So sagte sie einmal: "Nein! Ihr werdet nicht spielen wie jetzt! Euch fehlt der Schwung! Wenn ihr Strauss-Walzer spielt, müßt ihr üben, üben und nochmals üben!" Sie hat uns immer gesagt: "Wißt ihr, ich spielte täglich acht Stunden! Und wenn ich einen Fehler gemacht hätte, dann hätte mein Vater das Klavier in die Luft geworfen!" Sie war schrecklich. In dem Moment als wir

---

[71] Héléne Scheps; https://en.wikipedia.org/wiki/Women's_Orchestra_of_ Auschwitz (ERW)

[72] Monti und Csárdás (sprich: Czardas/Tschardasch) gehören in diesem Zusammenhang zusammen. Csárdás ist vermutlich die bekannteste Komposition des italienischen Komponisten Vittorio Monti (1868–1922). Sie wurde 1904 als Rhapsodie für Violine, Mandoline oder Klavier komponiert. Die musikalische Basis des Stücks ist ein ungarischer Csárdás-Volkstanz. Heute wird er gewöhnlich mit Violine gespielt, aber auch mit zahlreichen anderen Instrumenten, z.B. Klavier und Tuba; er gehört ins Repertoire vieler "Zigeunermusik"-Kapellen. (K.S.)

[73] https://de.wikipedia.org/wiki/Für_Elise (ERW)

spielten, vergaß sie, wo sie war. Und wir, wissen Sie, wir fühlten wie "Wen kümmert's?" Eigentlich war dieses Spielen für uns nur Zeitvertreib. Wir sahen die Leute draußen, ein Tag verging, dann zwei Tage... Wir dachten immer nur an eines: dass dies eines Tages vorbei sein wird, dass dies eines Tages zu einem Ende kommt, zum Guten oder Schlechten, aber eines Tages... Gut, wir würden nicht für immer dort stehen. Wir wußten, dass dies unmöglich ist.

Einmal sagte mir Zofia,[74] eine Polin: "Was tut sich hier? Und wir schauen nur zu..." Alle Transporte kamen vor unserer Tür an. Unser Block war nicht weit vom Krematorium entfernt, man hörte die Transporte kommen und die Kinder weinen: "Mama! Mama! Wo bist du? Mama! Mama!" auf Polnisch, auf Jiddisch, in verschiedenen Sprachen. Zofia sagte: "Weißt du was? Ich denke, was hier geschieht, erreicht nicht wirklich unseren Verstand." Sonst müßte man sich umbringen.

F: Was haben Sie wirklich von dem gewußt, was dort geschieht?

A: Dort haben wir schon gewußt. Die russischen Mädchen [vom Orchester] schrien: "Ihr geht ins Krematorium!", wenn sie [die Deutschen] russische Häftlinge brachten und ins Krematorium schickten. Deshalb schrien sie; es hat ihnen nicht viel geholfen. Aber sie brachten auch gut aussehende jüdische junge Leute, und die sangen die "Hatíkwah":[75] Wissen Sie, wir sahen sie, und es war sehr schwer. Es ist sehr schwer, sich an die Einzelheiten zu erinnern. Ich gehe zurück mit meinen Gedanken, rückwärts und vorwärts.

Ich will Ihnen eine Sache sagen: Was ich als junge Frau im Lager lernte, ich könnte hundert Jahre gelebt haben, ohne es zu wissen. Ich hörte von lesbischen Frauen, ich hörte von Homosexuellen, aber niemals zuvor sah ich es. Aber dort sah ich es, ich sah so etwas wirk-

---

[74] Zofia Cykowiak; https://de.wikipedia.org/wiki/Mädchenorchester_von_Auschwitz (ERW)

[75] "Die Hoffnung", israelische Nationalhymne; https://de.wikipedia.org/wiki/Ha-Tikwa (ERW)

lich. Uns war es erlaubt, die Toilette der deutschen Frauen zu benutzen, und dort sah ich das erste Mal eine Frau, die die Stimme eines Mannes hatte und mit einer anderen Frau "spielte".

Wir hatten eine schöne Holländerin in unserem Orchester, und eine der Frauen hat sich in sie verliebt. Sagte sie: "Was interessiert mich das? Sie wäscht meine Wäsche, sie macht alles für mich." Aber sie hat ihr nicht erlaubt. Sie war schon verheiratet und war ein religiöses Mädel. Sie war übrigens auch das Kindermädchen der Kinder von Kramer.[76] Dann sagte sie mir, weißt du, dass...

F: War sie Jüdin?

A: Jüdisch, aus Holland. Ihr Name war Flora[77]. Sie hat überlebt. Er [Kramer] hat sie ausgewählt, um seine Kinder zu betreuen. Sie kam nach Hause [zum Block] am Abend nach einem langen Arbeitstag, und sie gaben ihr nicht mal eine Scheibe Brot! Sie aßen und warfen den Rest vor die Hunde – sagte sie uns –, aber ihr gaben sie nichts, nicht mal die Frau, niemand. Wenn sie zurückkam [zum Block], sah sie, dass ihre Essensration im Block aufgehoben wurde. Und das war alles, was sie hatte.

Alma Rosé[78]

F: Und sie [Flora] *war auch im Orchester?*

A: Sie spielte Akkordeon. Sie stand später Alma Rosé sehr nahe. Als Alma Rosé zu einer Art Party eingeladen war, mischte jemand Gift

---

[76] "Josef Kramer (* 10. November 1906 in München; † 13. Dezember 1945 in Hameln) war ein deutscher SS-Führer und Lagerkommandant der Konzentrationslager Natzweiler-Struthof, Auschwitz-Birkenau und Bergen-Belsen des nationalsozialistischen Deutschen Reiches, der als Kriegsverbrecher im Bergen-Belsen-Prozess zum Tode verurteilt und hingerichtet wurde." https:// de.wikipedia.org/wiki/Josef_Kramer; dazu S. 68, Fußnote 120. (ERW)

[77] Flora Schrijver; https://de.wikipedia.org/wiki/Mädchenorchester_von_Auschwitz (ERW)

[78] Siehe S. 35, Fußnote 54; Seite 47, Fußnote 80; dazu Richard Newman mit Karen Kirtley, Alma Rosé – Wien 1906 – Auschwitz 1944. Berlin 2005.

in ihr Essen. So rannte sie zum Block und bat nur Flora hereinzukommen. Und sie starb *[am 5. April 1944]*. Sie vergifteten sie.

F: Die Deutschen?

A: Ich weiß nicht, ob es ein deutscher Befehl war, aber es war... Sie war zu einer Frau eingeladen, die - wie ich hörte - eine Sekretärin von Beneš[79] war, und da waren die Lagerältesten und alle Sorten von Kapos.

F: War das eine Abrechnung mit ihr?

A: Ich weiß nicht. Vielleicht war es Eifersucht, aber es gab keinen Grund: Was hatte Alma ihnen angetan? Sie stand gut mit allen.

F: Woher kam sie?

A: Sie war aus Österreich. Ihr Ehemann - sie ließ sich scheiden - war Vása Príhoda. Er war ein Tscheche und ein großer Antisemit. Aber sie hat ihn verlassen. Es war die Eifersucht: Er war Geiger und sie war Geigerin. Sie war Managerin und Dirigentin eines Frauenorchesters, reiste quer durch Europa. Ihr Vater war ein sehr bekannter Pianist.[80]

F: Denken Sie, dass sie von ihren privilegierten Mithäftlingen aus Eifersucht vergiftet wurde?

---

[79] "Edvard Beneš (* 28. Mai 1884 in Kožlany, damals Kronland Böhmen; † 3. September 1948 in Sezimovo Ústí) war ein tschechoslowakischer Politiker (ČSNS), einer der Mitbegründer der Tschechoslowakei sowie tschechoslowakischer Außenminister (1918–1935), Ministerpräsident (1921–1922) und Staatspräsident (1935–1938 und 1945–1948 sowie 1940–1945 Präsident im Exil)." https://de.wikipedia.org/wiki/Edvard_Beneš (ERW)

[80] Almas Vater war Arnold Josef Rosé (eigentlich Arnold Josef Rosenblum; geb. 24. Oktober 1863 in Jassy (Iași, Nordost-Rumänien), gestorben 25. August 1946 in London); österreichischer Geiger und Musiklehrer. Er war Leiter und Dirigent der Wiener Philharmoniker und des berühmten Rosé Quartetts (zusammen mit seinem älteren Bruder, Eduard (1859 Jassy – 1943 Theresienstadt). Arnold war mit einer Schwester Gustav Mahlers, Justine Mahler (1868–1938), verheiratet, und sie hatten zwei Kinder: Sohn Alfred (1902–1975), Pianist, Dirigent und Komponist, und Tochter Alma (1906–1944). (K.S.)

A: Sie sagte uns, dass sie in Katowice eine Stelle als Dirigentin eines Orchesters bekam. Vielleicht töteten sie die Deutschen, weil es ein Befehl war. Wir werden es nie erfahren, was der Grund war.* Vielleicht kennt Fania Fénelon mehr Einzelheiten. Vielleicht schreibt sie darüber.[81] Ich habe ihr Buch nicht gelesen, da ich es nicht lesen konnte [bis es auf Hebräisch übersetzt wurde].

F: Denken Sie, dass in diesem Buch inkorrekte Dinge stehen?

A: Es gibt unwahre Dinge. Ich weiß, dass sie persönlich eifersüchtig auf Alma Rosé war. Fania mochte sie nicht, weil Alma sie nicht mochte. Ich erinnere mich, dass Alma "Blöde Kuh!" schrie. Oder wenn jemand einen Fehler machte, dann sagte sie etwas auf Französisch. Ich kann mich nicht erinnern. Sie hatte alle Arten von Ausdrücken, die sie benutzte.

Wir spielten auch an Weihnachten (am Weihnachtsabend). Das war Weihnachten 1943. Und die eine, von der man sagte, dass sie sie vergiftete, sang das Lied. Diese Frau hatte 16 Bordelle in Wien. Sie wissen, welche Sorten von Frauen dort waren, deutsche Frauen! Aber sie war Österreicherin. Sie begann – wissen Sie –, sie hatte die Stimme einer betrunkenen Frau – sie begann zu singen, und ich schaute auf das Gesicht von Alma Rosé: Sie war so unglücklich, anschließend weinte sie sogar: "Was hat sie getan? Sie ruinierte das Orchester!" Wissen Sie, sie hatte immer alles bis ins Detail im Griff. Sie wollte, dass wir perfekt spielen. Aber wir waren...

F: Sie wollten überleben...

A: Ja! Aber was soll ich Ihnen sagen? Wir haben [sie] nicht verstanden. Schließlich waren wir keine professionellen Musiker. Und es ist wichtig zu betonen: Leute kamen weiterhin hier an; sie kamen mit

---

* Dazu: Richard Newman mit Karen Kirtley, a.a.O., S. 385.

[81] Dazu Richard Newman mit Karen Kirtley, a.a.O. S. 377 ff., 382 f.; Frau Schmidt S. 378 ff., 385 f.

den Transporten aus Frankreich, aus England,[82] von überall her. Und unter ihnen waren auch Profis, professionelle Geiger. Und sie [die Deutschen] schickten sie nicht zum Orchester, weil Alma ein Gewissen hatte. Sie wußte, wenn sie jemanden [eine Berufsmusikerin] aufnimmt, müßte sie eine wegschicken.

F: Geschah es jemals, dass jemand wegen fehlender Professionalität... [in den Tod geschickt wurde?]

A: Nein, sie schickte nicht, sie schickte nicht! Sie tat niemals etwas Derartiges. Ich weiß, dass die Polinnen, die Antisemiten, immer klagten und nicht zurecht, das sie eine jüdische Geigerin gegenüber einer polnischen bevorzugte. Sie spielten nicht schlecht, aber für Alma Rosé war ihr Können nicht genug. Ich habe in Auschwitz gelernt, was professionelle Eifersucht heißt. Ich habe nie gedacht, dass Profis so eifersüchtig aufeinander sein könnten. Einmal kam ein Dirigent zu Besuch. Er war Russe, aber er war ein berühmter Dirigent in Frankreich, und er dirigierte unser Orchester.

F: Ein Jude?

A: Ein Jude. Er hat einen 17-jährigen Jungen mitgebracht. Und wie dieser Junge spielte! Ich sage Ihnen, Alma Rosé rannte in ihr Zimmer, schloß die Tür und schrie: "Das ist wie in einem Kaffeehaus!" Wissen Sie, diese "Beleidigung" [konnte sie nicht ertragen]. Ich bin sicher, wenn dieser Junge noch lebt, muß er ein großer Geiger sein. Die Eifersucht, wissen Sie. Sie war wirklich eine phantastische Dirigentin, und sie hat es geschafft, aus unserem Orchester etwas zu machen. Alle liebten das Orchester.

Und wie ich Ihnen schon sagte, manchmal spielten wir an Weihnachten, oder wenn ein Transport ankam, setzten sie uns vorn [nahe

---

[82] Hier können Jüdinnen oder Juden gemeint sein, die aus England stammten und in Deutschland oder sonstwo in Europa den Deutschen in die Hände gerieten; vielleicht hat Rachela sich nur versprochen und wollte *Holland* statt *England* sagen? (Klara Strompfs Vermutung!), denn *Holland* kommt im Text vor. (ERW)

am Tor], und das täuschte die Menschen, die ankamen. Sie sahen das Orchester, und sie gingen weiter.

F: Das war Betrug.

A: Ja. - Ich erinnere mich, wie Yvette,[83] eine Griechin, Bass spielte. Sie stand immer und weinte. Einmal kam ein Gestapo-Mann und sagte: "Wir wollen vorne keine weinenden Mädels, also entweder sie kommt raus oder alle müssen lächeln. *Weinen ist hier verboten!"*

Indem wie sahen, was wir sahen, hatten wir einen Grund zum Lachen oder Lächeln? Als man im Winter Männer der Altersgruppe meines Vaters brachte und sie [die Deutschen] - wissen Sie, sie waren [sadistische] Experten - warfen Holzstücke auf sie. Die erste Reihe mußte zurückrennen und die Holzklötze von hinten über die Köpfe nach vorn werfen. Das war böse! [Die Männer waren] ohne Schuhe, ohne alles... Es ist unmöglich zu beschreiben, was wir sahen. Es war sehr schwer.

Einmal mußten wir nach Auschwitz gehen und dort spielen. Wir waren in Birkenau, es gab auch ein Orchester in Auschwitz.[84] Wir standen schon *vorn (d.h. nahe am Tor),* und wir wollten hinausgehen. Da kam ein Transport aus Holland. Einer der Deutschen hatte einen Hund - er ging immer mit einem Hund, und er würde den Hund auf die Häftlinge hetzen.[*] Also er ging, um den Transport zu

---

[83] "Yvette Maria Assael (Lennon), Akkordeon, Klavier und Bass, jüdische Griechin"; https://de.wikipedia.org/wiki/Mädchenorchester_von_Auschwitz; Hedwig Brenner hat herausgefunden, daß Yvette (1927–2008), ihr Bruder Michel und ihre Schwester Lily Auschwitz-Birkenau überlebten und nach Thessaloniki zurückkehrten; sie heiratete einen britischen Soldaten und lebte in den USA; ihre Tochter Peggy Clores soll die Erinnerungen ihrer Mutter in einem Buch veröffentlicht haben, was aber nicht verifiziert werden konnte; vgl. Hedwig Brenner, Jüdische Frauen in Musik und Tanz. Konstanz 2017, S. 18. (ERW)

[84] Siehe: Jacques Stroumsa, Geiger in Auschwitz. Konstanz 1993. (ERW)

[*] "Wir waren so erschöpft, dass die Hunde uns einholten, wir waren sicher, dass sie uns zerfleischen würden. Aber während sie uns umkreisten, fingen sie plötzlich an zu winseln, einangsterfülltes Winseln, sie zitterten und legten sich hin. Weil wir seit Wochen in den Gräben herumpatschten, rochen wir so stark nach Tod, dass unser Gestank sogar die Hunde abhielt." In: Claude Lanzmann, Der patagonische Hase – Erinnerungen. Reinbek 2018, S. 545. – Es handelte sich um Motke Zaidl und Izhak Dugin in Wilna (Vilnius), "Mitglieder eines Kommandos

empfangen. Und wir warteten, warteten, dass das Tor geöffnet wird. Eine Holländerin, die mit dem Transport kam, stieg herunter und erschoß ihn auf der Stelle. Man sagte uns, wir sollen in unseren Block zurückgehen: Heute gingen wir nicht nach Auschwitz. Und sie tötete ihn! Ab sofort war kein Hund mehr dort. Es gab die Bormannka[85], aber die andere waren nicht so wie sie.

F: Wer war sie?

A: Sie war eine von der SS, die das Lager bewachten. Oh! Sie war...! Es gibt Bilder [von ihr] im Buch von Belsen.[86] Später kam sie auch nach Belsen. Sie war schrecklich.

F: Und Maria Mandl?[87]

A: Maria Mandl war die Direktorin des Lagers - die Lagerführerin. Wir hatten mit ihr nichts zu tun, und sie hatte nichts mit dem Orchester zu tun.

F: Sie haben vorher begonnen, mir etwas zu sagen - und wir brachen das ab - bezüglich dessen, daß Sie Ihrem Bruder Essen brachten, das Essen, das Sie von der slawischen Frau bekamen.

A: Ja, ich habe es ihr übergeben.

F: Und wie haben Sie es übergeben?

---

junger Juden, die die riesigen Massengräber im Wald von Ponari *(Paneriai)* öffnen" mußten und entkommen konnten. (12.09.2018, ERW)

[85] Johanna Bormann (1893–1945) war eine deutsche SS-Aufseherin in verschiedenen KZs; sie war bekannt als "die Frau mit den Hunden", die eine sadistische Freude darin fand, ihre Schäferhunde auf die Häftlinge loszulassen und sie in Stücke reißen zu lassen. Am 13. Dezember 1945 wurde sie zum Tod durch den Strang verurteilt, ein britischer Henker vollstreckte das Urteil im Zuchthaus Hameln (am selben Tag wurden auch andere SS-Aufseherinnen hingerichtet, so auch *Irma Grese* und *Elisabeth Volkenrath.* (A.O. / K.S.)

[86] Unklar, welches Buch gemeint ist. (ERW)

[87] Auch Mandel: "Mandel, Maria, geb. 1912 in Oberösterreich. Schutzhaftlagerführerin, am 22.12.1947 in Krakau zum Tode verurteilt und hingerichtet." In : H.G. Adler, Hermann Langbein, Ella Lingens-Reiner (Hrsg.) Auschwitz – Zeugnisse und Berichte. Frankfurt a.M. 1979, S. 311.

A: Sie kam stets nach der Arbeit. Sie hat mir einen Brief gebracht, und ich habe ihr etwas gegeben. Sehen Sie, sie hat mir einen großartigen Dienst erwiesen. Sie lebt; dieses Mädchen lebt heute [1984] in Givatajim [Israel].

F: Auf welche Art und Weise lieferte sie Ihnen Dinge? Wie war der Kontakt zu Männern?

A: Sie ging hinaus zur Arbeit mit ihrer Gruppe, und die Gruppe meines Bruders kam aus dem Lager zur Arbeit, so trafen sie sich in der Mitte der Straße. Er gab ihr einen Brief, und sie gab ihm einen Brief und Essen. Eines Tages wurde sie erwischt, und sie sagten: "Hör' zu, wenn du vorne ankommst, wirst du berichten." Unterwegs wechselte sie Kopfbedeckung und das Hemd, bis sie nicht wiedererkannt werden konnte, und als sie fragten, wußte niemand [wer sie war].

Wir spielten am Tor, als sie Mala [Zimetbaum][88] brachten, nachdem sie mit Edek geschnappt wurde. Kennen Sie die Geschichte von Mala? Wir sahen, wie sie aus dem Bunker geholt wurde. Ich sah, wie sie eine Rasierklinge rausholte, die sie versteckt hatte (sie bekam sie von den Partisanen oder von jemandem von der SS, ich weiß es nicht genau). Und sie hat sich ihre Pulsadern aufgeschnitten. Ich war dort, ich hörte, was sie sagte. Sie schrie zu den Deutschen: "Ihr bekommt mich nur als halbe Leiche!" Sie hat viel getan. Sie stand in Verbindung mit uns. Es gibt jedenfalls viele Geschichten über sie: wie sie Kontakt mit den Partisanen außerhalb des Lagers herstellte, weil die Leute, die im Kanada arbeiteten, alle möglichen Waffen und Geld durch sie nach draußen schafften. Sie war eine von denen, die alles lieferte. Deshalb sage ich: Was, in einem Konzentrationslager gab es keine Helden? Dort gab es Leute, die heldenhafte Taten voll-

---

[88] "Malka ('Mala') Zimetbaum (geboren am 26. Januar 1918 in Brzesko, Österreich-Ungarn; gestorben am 15. September 1944 im KZ Auschwitz) war eine belgische Jüdin polnischer Herkunft und Widerstandskämpferin im Konzentrationslager Auschwitz-Birkenau, wo sie 1944 ermordet wurde." https://de.wikipedia.org/wiki/Mala_Zimetbaum; dazu auch S. 40, Fußnote 64: Edek und Mala waren ein Liebespaar. (ERW)

brachten. Und ich kenne einige Fälle, daß Leute entkommen konnten. Zum Beispiel einer der Bendziner (er verstarb, als er in London war).[89]

F: Er konnte aus Auschwitz entkommen?

A: Ja. Mein Bruder wollte das unbedingt auch tun. Ich erinnere mich, dass ich Typhus hatte und schrecklich gern Wasser wollte. Und ich erinnere mich auch - ich glaube, ich bin aus meiner Krankheit aufgewacht -, weil ich mich an diesen Tag erinnere als meine Freundin sagte: "Du erzählst einen solchen Unsinn, das paßt nicht zu einem Mädchen von deiner Intelligenz." Das erinnere ich.

F: Wegen Ihrem Fieber?

A: Aus dem Fieber. Ich erzählte ihr, dass mein Bruder auf einem Schiff ist auf seinem Weg nach Eretz Israel, nach Palästina. Und sie fragte mich: "Und warum bist du nicht auf dem Schiff?" Ich antwortete: "Weißt du, ich habe noch einige Dinge, ich muß noch hierbleiben." Ich kann mich an den genauen Grund nicht erinnern, aber ich sagte: "Ich werde auch gehen, aber ich bin nicht in einer so großen Gefahr wie er." So schickte ich ihn [mit diesem Schiff], und ich spürte, dass ich dieses Schiff schiebe, sodass es sich schon aus dem Hafen bewegt und gleich losfahren wird!

Und als ich aufwachte, bekam ich einen Brief von meinem Bruder. Er wußte nicht, was mit mir los war. Er hatte von mir seit längerer Zeit kein Essen oder sonst etwas erhalten, und er wollte wissen [was los war]. Er schrieb mir: "Mein Mamele! Anstatt dass ich Dir helfe, hilfst Du mir!" Deswegen habe ich mich über meine Freundin aufgeregt, die für mich im Lager wie eine Schwester war, dass sie es nicht an meiner Stelle getan hatte. Eine der Kapos, die in der Diätküche arbeitete, pflegte zu kommen und mir Wasser zu bringen, und ich behielt das Brot, das dort war. Neben mir war schon ein Haufen

---

[89] Yossel Rosensaft.

Brot, das ich nicht aß – ich hatte keinen Appetit –, und ich behielt das gesammelte Brot bei mir, um es meinem Bruder zu schicken.

Was will ich Ihnen noch sagen? Als ich an Typhus erkrankte, brachten sie mich in ein Hospital. Es war Winter, und ich erinnere mich, dass es sehr kalt war und schneite, und ich ging ohne Schuhe. Und wegen dieser Kälte rede ich darüber bis zum heutigen Tag, ich fühlte mich so wohl in diesem kalten Wind, wissen Sie, mir war so heiß durch das Fieber. Und im Revierblock, im Hospital wurde ich "entlaust". Das war eine umfassende Desinfektion. Man hat uns hingelegt ohne alles, ohne Decke. Wir lagen ohne Decke, ohne Kleider, nackt. Ich erinnere mich: ich lag neben einer anderen Frau, und wir wärmten uns gegenseitig den Körper. Einmal auf der rechten Seite und einmal auf der linken. Und als ich am Morgen aufwachte, hatte ich neben einer Leiche geschlafen... Und wissen Sie, das machte mir keinen Eindruck. Wir waren so... Ich denke, wir hatten ein Gefühl, dass dies nicht wichtig ist: Heute kommt unser Ende, und wenn nicht heute – dann morgen. Es war total hoffnungslos. Obwohl, mir fallen verschiedene Dinge ein, durch die wir privilegiert waren. Sie behandelten uns mehr als Leute, die eine besondere Rücksicht verdienten wegen des Orchesters.

Mein Bruder stirbt beim Aufstand

F: Was Ihren Bruder betrifft: Als er beim Sonderkommando war, haben Sie irgendwelche Nachrichten von ihm erhalten?

A: Ja, ich bekam welche natürlich.

F: Wie?

A: Genau damals wurde die Küchen-Kapo Rozika, Kapo des Kübelkommandos.[90] Sie brachten sie nach Brzezinki[91], nach Birkenau, in

---

[90] Die Gruppe, welche die Toiletten-Kübel entleerte. – Alternative Interpretation: Das Kübelkommando brachte das Mittagessen mit Kübeln (50 Liter für 50 Personen) von der Küche zu den Blocks; anschließend mußten die Kübel in die

die Nähe des Krematoriums, sie ging dorthin mit dem Essenkommando. Und dann hörte ich von ihr alle möglichen Dinge; zum Beispiel von meinen Freund aus der Vorkriegszeit, der in ein Arbeitslager kam. Als jemand erkrankte, entschieden sie, das Lager zu schließen. Sie brachten sie schon zum Krematorium, dann aber entschied jemand, dass diese Leute gesund sind. Weil einige Deutsche so sehr nach Arbeitskräften fragten, entschieden sie, diese ins Lager zu bringen, und dort traf er meinen Bruder.

F: Aus welchem Lager war er gekommen?

A: Ich erinnere mich nicht, aus welchem Lager, aber seine Schwester lebt hier [in Israel], sie [Yona "Tobka" née Gutmann, later Bauer] ist die Mutter von Meni Pe'er.[92] Er kam an..., ich erinnere mich nicht an die Daten. Er kam an, und sie schickten diese gesunden Kerle ins Lager. Das war Glücksache, weil plötzlich ein Deutscher entschied: "Hört, sie waren dort, sie sahen, was geschieht. Wir können sie nicht am Leben lassen; wir werden sie loswerden." Sie riefen sie und töteten sie. Das war am 16. des Monats Av. Daran erinnere ich mich, weil er mit meinem Bruder sprach. Und mein Bruder schrieb mir: "Du sollst wissen, und laßt seine Familie wissen, dass er an diesem Tag, am 16. Av, getötet wurde."

F: War das 1944?

A: Ich denke so, ich erinnere mich nicht. Ich erinnere mich nicht genau, wann der hebräische Monat Av[93] war.

Küche zurückgebracht und gespült werden; Wieslaw Kielar, Anus mundi – Fünf Jahre Auschwitz. Frankfurt a.M. 1979, Kap. XIV, S. 60. (ERW)

[91] Brzezinki, richtig: "Brzezinka (deutsch Birkenau) ist eine Ortschaft der Landgemeinde Oświęcim *[Auschwitz]* in der Woiwodschaft Kleinpolen südwestlich von Krakau. Der Ort hat etwa 2100 Einwohner." https://de.wikipedia.org/wiki/Brzezinka_(Oświęcim) (ERW)

[92] Meni Pe'er (1946–2014) war ein bekannter israelischer Schauspieler und Journalist, eine TV-Persönlichkeit; er starb kurz vor seinem 68. Geburtstag an Krebs. (K.S.)

[93] 16. Av (5704) war am Schabbat, 5. August 1944. (K.S.)

F: Ja. Weil Sie [Anfang] *1943 noch nicht in Auschwitz waren, Sie sind erst im August 1943 dort angekommen. Also mußte es 1944 sein.*

A: Wann ist [der hebräische Monat] Av?

F: Av ist im Juli oder August.

A: Nein. Nein, es war 1944.

F: So haben Sie [ihre Hilfe genutzt], *als Ihr Bruder im Sonderkommando war?*

A: Sie überbrachte Briefe, und ich erhielt verschiedene Nachrichten, durch jemanden, die heute [1984] in London lebt, deren Ehemann aus Auschwitz entkam. So erzählte sie mir verschiedene Geschichten, – wissen Sie, mein Bruder war gar nicht mehr am Leben! Und sie brachte ihm Medikamente; sie sagte, dass er sich nicht gut fühlte, dass er krank war... Und ich schickte ihm Medikamente durch sie. Sie kam gelegentlich ins Lager, um verschiedene Dinge mitzunehmen, sie sagte nichts über seine Lage, und sie nahm noch mehr Medikamente von mir für ihn. Sie sagte mir nicht, dass er gar nicht mehr lebt.

F: Wie haben Sie es dann erfahren?

A: Später hat sich eines der Mädchen entschieden, dass es schon genug ist, und dass man die Wahrheit sagen muß. Und wissen Sie was? Ich kann mich erinnern, dass Fania Fénelon aus den Karten las und auch aus der Handfläche. Einmal hat sie aus meiner Hand gelesen und sagte: "Schau, da ist eine sehr unglückliche Nachricht für dich, etwas sehr Trauriges." Und das genau passierte.

Dies passierte ihm: Eigentlich [als sie den Aufstand organisierten] sprachen sie darüber, den ganzen Drahtzaun zu zerschneiden, den Zaun rund um das Lager, sodass alle Leute fliehen und sich zerstreuen könnten. Aber jedes Mal, wenn sie das Datum verschoben, und als der Zaun schon durchgeschnitten war, wußten wir nichts davon. Dann entschieden sie, dass es reicht. Sie ergriffen einen der SS-

Wachen, warfen ihn in den Ofen und sprengten das Krematorium. Sofort kam [deutsche] Verstärkung und nahm alle Männer fest. Sie sagten ihnen nicht, dass sie getötet werden. Sie sagten, dass sie in ein anderes Lager gebracht werden. Sie fuhren mit ihnen in Auschwitz umher, um sie zu täuschen, bis sie zur Entlausungskammer kamen (ein Ort, wo die Kleider-Läuse durch Gas vernichtet wurden). Und so sind sie gestorben, wissen Sie, sie starben langsam [durch Gas].[94] Das weiß ich durch die Zeugenaussage meiner Freundin, die heute [1984] in Haifa lebt [Karla]. Sie arbeitete in jenem Gebäude, in der Halle, wo sie getötet wurden.

F: Sie sagen, das geschah nach dem Aufstand?

A: Es könnte am gleichen Tag gewesen sein oder einen Tag später.

F: Wußten Sie vor dem Aufstand etwas darüber, was bei diesem Aufstand geschehen wird?

A: Nein, ich habe es nicht gewußt.

F: Gab es da irgendeinen Untergrund?

---

[94] "Am 7. Oktober 1944 kam es zu einem bewaffneten Aufstand der Sonderkommandos im Krematorium III/IV. Davor hatte es bereits zumindest einen gescheiterten, ähnlichen Plan gegeben. Dieses Mal hatten weibliche Gefangene Sprengstoff aus einer Waffenfabrik eingeschmuggelt, und das Krematorium IV wurde damit teilweise zerstört. Anschließend versuchten die Gefangenen eine Massenflucht, aber alle 250 Flüchtigen wurden von den Bewachern kurz darauf gefasst und getötet. In der Folge wurden 451 Häftlinge ermordet, von denen nur ein geringer Anteil selbst aktiv beteiligt gewesen war." https://de.wikipedia.org/wiki/Sonderkommando_KZ_Auschwitz-Birkenau; dazu schreibt Filip Müller als Augenzeuge: "Dort sah es schlimm aus. Zahlreiche Tote lagen reglos über den ganzen Hof verstreut. SS-Leute *[...]* liefen mit Karabinern herum, um sich zu vergewissern, ob alle tot waren. *[...]* Nach meiner Schätzung waren etwa 200 auf dem Hof erschossen worden." Hinzu kamen ca. 250 von den Krematorien III und III: "Etwa 450 Häftlinge des Sonderkommandos waren in den letzten 24 Stunden getötet worden." In: Sonderbehandlung. München 1979, S. 250 ff.; vgl. dazu Danuta Czech, a.a.O., S. 898/900; dazu auch Gideon Greif/ Itamar Levin, Aufstand in Auschwitz – Die Revolte des jüdischen 'Sonderkommandos' am 7. Oktober 1944. Wien-Köln-Weimar 2015; Andreas Kilian, Sonderkommando-Aufstand in Auschwitz-Birkenau; http://www.zukunft-braucht-erinnerung.de/der-sonderkommando-aufstand-in-auschwitz-birkenau/ (ERW)

A: Ja, es gab einen Untergrund.[95] Und ich kann mich erinnern, dass eine meiner Freundinnen aus Nétzer Seréni im Untergrund war. Sie schaute dort, Rivka Bacia,[96] (heute [1984] in Nétzer Seréni[97]). Sie war in Kontakt mit den Freunden von Gordónia,[98] mit jemandem, der später in Gusch Etzion[99] getötet wurde. Er war im Untergrund und schrieb Lieder - Yehoschua Erlich. Sie war in Kontakt mit ihm, und ich erinnere mich: wenn sie mit ihm sprach, stand ich Wache und paßte auf, damit sie nicht geschnappt wurden. Das ist alles, was ich getan habe. Sie sagte mir: "Paß auf, dass uns niemand erwischt." Aber ich wußte nicht, worüber sie sprachen.

F: Und wie wurde es getan? Und was heißt "aufpassen"? Wo? Was?

A: Durch den Zaun. Sehen Sie, wir hatten Freunde, die zum Zaun kamen, und mir Essen zuwarfen. Und einmal wurde dieses Essen weggeschnappt. Diese junge Burschen arbeiteten im Schuster-Shop, [100] Männerkleidung. Sie warfen mir Päckchen zu, verschiedene Dinge. Danach war ich mit verschiedenen Dingen versorgt. Wir brauchten dies nicht. Wie viel konnten wir brauchen? Ich habe nicht viel gegessen.

---

[95] "Die kommunistisch und sozialistisch orientierte *Kampfgruppe Auschwitz* (KGA) – auch *Internationale Widerstandsbewegung, -organisation* oder *-gruppe* genannt – entstand im Mai 1943 hauptsächlich aus dem Zusammenschluss einer österreichischen Widerstandsgruppe und einer polnischen Gruppe des Lagerwiderstandes im Stammlager des KZ Auschwitz.." https://de.wikipedia.org/wiki/Kampfgruppe_Auschwitz; dazu auch Hermann Langbein, "Die Kampfgruppe Auschwitz", in: H.G. Adler, Hermann Langbein, Ella Lingens-Reiner (Hrsg.), Auschwitz – Zeugnisse und Berichte. Frankfurt a.M. 1979, S. 227 ff.

[96] Regina Kupferberg (Rivka Bacia) aus Bendzin.

[97] https://de.wikipedia.org/wiki/Netzer_Sereni

[98] Siehe S. 27, Fußnote 44.

[99] "Gusch Etzion [...] ist eine Gruppe israelischer Siedlungen (Siedlungsblock) im Westjordanland und eine Regionalverwaltung in Judäa und Samaria. Das Gebiet von Siedlungsblock und Regionalverwaltung sind nicht völlig identisch. Gusch Etzion liegt auf halber Strecke zwischen Jerusalem und Hebron." https://de.wikipedia.org/wiki/Gusch_Etzion

[100] Es handelte sich um einen Shop für Männerkleidung, dessen Betreiber Schuster hieß. (ERW)

Ich will noch erzählen, dass ich einmal an Typhus erkrankt war. Als sie mich aus dem Hospital, aus dem Revier entließen, kam Czajkowska[101] und brachte mich [zurück zum Block]. Sie war die Blockälteste. Und ich war sehr schwach, sehr, sehr schwach, ich konnte kaum gehen. Und es war Winter. Ich erinnere mich, es war naß und die Straße voller Eis. Ich konnte nicht allein gehen. Ich bat sie, mir die Hand zu geben. Aber sie wollte mir keine Hand geben! Blockowa! Sie war meine Blockowa!

F: Polnisch?

A: Polnisch. Czajkowska.

F: Jüdisch?

A: Nicht jüdisch. Sie wollte mir die Hand nicht geben! Ich kroch auf allen Vieren den ganzen Weg zum Block! Ich möchte eine Sache unterstreichen: Die gegenseitige Hilfe war groß. Als ich auf Händen und Füßen zum Block ankam, schaute sie mich respektlos an - wissen Sie, sie war ein Häftling wie ich im Lager, aber sie wollte mir nicht helfen! Rivka (Nétzer Seréni) sagte: "Rachelka, du mußt jetzt anfangen, ein bißchen zu essen. Langsam, langsam. Nicht zu viel auf einmal. Jedes Mal ein kleines bißchen." Jede Viertelstunde - ich saß neben dem Orchester - steckte sie mir etwas in den Mund. Und so kam meine Energie langsam zurück. Wir waren eine Gruppe von Mitgliedern aus den Jugendbewegungen: Ich war von Hanoár Hatzióni,[102] aber Rivka war von Gordónia,[103] und Hilde war und Sylvia und Karla (in Haifa) waren aus verschiedenen Jugendgruppen - sehr ähnlich wie Gordónia.

F: Makkábi?

---

[101] Zofia Czajkowska.

[102] Siehe S. 10, Fußnote 4.

[103] Siehe S. 27, Fußnote 44.

A: Ich weiß nicht. Makkábi Hatzaír.[104] Etwas, was es in Deutschland gab.

F: Dror? Haboním?

A: Ich weiß nicht. Aber Hilde hatte Energie. Sie hielt uns zusammen, die Gruppe. Wer zu uns kommen wollte, kam. An jedem Schabbat hat sie einen Oneg Schabbat[105] vorbereitet, und wir machten es so: Jede mußte sich festlich kleiden, das heißt nicht so, wie wir jeden Tag gekleidet waren. Wenn wir ein anderes Hemd hatten, dann trugen wir dieses saubere Hemd, ein Hemd. So waren wir am Freitag gekleidet. Klara konnte hebräisch, sie wußte, wie man liest. Es gab eine Bibel, es gab einige Verse. Und wir sangen ein bißchen und saßen zusammen. Wir aßen, wissen Sie, unser Essen zusammen. So konnte die Gruppe Auschwitz und Bergen-Belsen bis zu der Befreiung überleben, und wir sind bis zum heutigen Tag [1984] zusammen.

F: Mußten Sie am Schabbat und am Freitag im Orchester spielen?

A: Ja, ja, ja. Wir mußten. Aber am Freitagabend, nachdem alle in ihren Block zurückkehrten, nutzten wir die Zeit, um zusammenzusitzen und zu reden. Wenn es Chanukka[106] war, haben wir Chanukka-Kerzen gezündet. Wissen Sie, Hilde hat immer irgendwo Kerzen gefunden. Sie wußte so gut – bis heute [1984], – sie wußte immer, wie man alles organisiert. Und ich glaube, wenn es Heldentum im Lager gab, Hilde symbolisiert dieses. Ich könnte Ihnen Ereignisse erzählen, die es in Bergen-Belsen gab. Sie organisierte alles. Ich denke, es ist sehr interessant, und Sie sollten sie persönlich interviewen. Sie hat bestimmt viel zu sagen.

---

[104] "Junge Makkabäer", zionistische Jugendorganisation, 1929 in Prag gegründet als Teil der Makkabi-Bewegung mit Betonung körperlicher Ertüchtigung; https://en.wikipedia.org/wiki/ Maccabi_Hatzair (ERW)

[105] "Freude am Schabbat", geselliges Beisammensein am Schabbat. https://de.wikipedia.org/wiki/Oneg_Schabbat_(Begriffsklärung) (ERW)

[106] Siehe S. 15, Fußnote 21.

Die Deportation nach Bergen-Belsen

F: Wie lange waren Sie in Auschwitz?

A: Bis zum 1.[107] oder bis 2. Am 2. war ich schon im Zug nach Bergen-Belsen.

F: Am 2. November?

A: Am 2. November kamen wir in Bergen-Belsen an. Der Anfang war natürlich sehr schwer. Wir waren in Zelten, und der Regen riß die Zelte um.[108]

F: Hatten Sie eine Ahnung, warum Sie dorthin gebracht wurden? Hatten Sie Nachrichten, was an der Front geschieht?

A: Wir wußten nichts. Aber wir haben gehört, dass die Russen Auschwitz immer näher kommen, und dass es nicht mehr lange dauert. Ich denke, es war am 12. oder am 5. Mai, als sie in Auschwitz ankamen. Ich kann mich an das Datum[109] nicht erinnern.

F: Im Januar 1945.

A: Im Januar? Am 15. April befreite uns die britische Armee in Bergen-Belsen. Aber als wir in Auschwitz waren, vermute ich, dass die Deutschen schlechte Nachrichten hatten und entschieden, das Lager anderswohin zu verlegen. So riefen sie uns. – Vielleicht gab es einen Spion, ich weiß es nicht genau; ich denke, Fania schreibt darüber,

---

[107] Anne Frank und ihre Schwester Margot waren im selben Transport: "Rosa de Winter schrieb in ihrem Buch *Aan de gaskamer ontsnapt!* im August 1945, dass in der Nacht des 1. November 1944 der Zug abfuhr, der Anne und Margot nach Bergen-Belsen brachte. Die beiden Schwestern wurden dadurch von ihrer Mutter getrennt. – In Bergen-Belsen kamen Anne und Margot zwei Tage später an. Nach einem acht Kilometer langen Fußmarsch wurden sie zunächst mit anderen Gefangenen in Zelten untergebracht, die jedoch wenig später von einem Sturm zerstört wurden." https://de.wikipedia.org/wiki/Anne_Frank

[108] Vgl. die vorhergehende Fußnote. (ERW)

[109] Auschwitz-Birkenau wurde am 27. Januar 1945 von der Roten Armee befreit.

aber ich bin nicht sicher, ob es nicht ihre Phantasie ist. Und haben sie unsere Mäntel abgenommen, und...

F: In Auschwitz?

A: In Auschwitz, ja, in Birkenau. Sie riefen uns zum Appell, und sie nahmen unsere Oberkleidung weg. Sie gaben uns etwas anderes, eine Art Mantel. Sie ließen uns nicht mehr in den Block zurück, um etwas mitzunehmen. Ich hatte eine gute Freundin, eine Russin, Olga (sie spielte auch Mandoline). Sie rannte weg und brachte mir verschiedene Dinge, die ich wollte. Jeder gaben sie Brot und sagten: "Hört, ihr geht weg!" Und wir gingen direkt zum Zug. Vielleicht weil wir nicht so viele waren, verlegten sie das Orchester, die jüdischen Mitglieder des Orchesters, in einen Waggon.

F: Und was geschah mit den Nichtjuden?

A: Sie blieben. Sie blieben dort.

F: Wissen Sie warum? Sie sagen, es waren polnische und deutsche nichtjüdische Häftlinge im Orchester?

A: Nein. Es gab keine deutschen Mitglieder, aber polnische.

F: Wissen Sie, warum diese nach Auschwitz kamen?

A: Sie waren von der Powstania Warszawskiego. Das war der polnische Warschauer Aufstand.[110]

---

[110] "Als Warschauer Aufstand bezeichnet man die militärische Erhebung der Polnischen Heimatarmee *(Armia Krajowa*, kurz *AK)* gegen die deutschen Besatzungstruppen im besetzten Warschau ab 1. August 1944. Er stellte die größte einzelne bewaffnete Erhebung im besetzten Europa während des Zweiten Weltkrieges dar und war Teil der landesweiten Aktion Burza. Die Widerständler kämpften 63 Tage gegen die deutschen Besatzungstruppen, bevor sie angesichts der aussichtslosen Situation kapitulierten. Die deutschen Truppen begingen Massenmorde unter der Zivilbevölkerung, und die Stadt wurde nach dem Aufstand fast vollständig zerstört. In Polen wurde eine Kontroverse um das Verhalten der verbündeten Roten Armee gegenüber dem Aufstand ausgetragen. Die Rote Armee habe – bis auf die 1. Polnische Armee – nicht eingegriffen, obwohl sie dazu in der Lage gewesen wäre." https://de.wikipedia.org/wiki/Warschauer_Aufstand; https://pl.wikipedia.org/wiki/Powstanie_warszawskie (ERW)

F: Das war im August 1944.

A: Sie waren intellektuelle, aber starke polnische Frauen.

F: Sie kamen erst nach August 1944? Weil der Aufstand war im August 1944.[111]

A: Nein, nicht nach dem Aufstand der Juden.[112] Diese Polinnen kamen früher an, ich vermute, weil jemand sie verraten hat.
F: Eine Art Untergrund?

A: Ja, ein Untergrund. Wir hatten eine, Danka, die Zimbal spielte. Jemand in Warschau verriet sie einfach aus Eifersucht, eine Frau, die sich in ihren Mann verliebte. Sie verriet sie. Es gab auch eine Lagerälteste, die mit jemand eine Beziehung hatte, und [auch in ihrem Fall] Verrat. Aber sie selbst tötete eine große Anzahl von Polen.

Jedenfalls, als wir in Bergen-Belsen ankamen, gab es dort viele Dinge, an die ich mich nicht mehr erinnere. Diese Dinge sind nicht sehr wichtig, aber ich weiß, dass wir sehr organisiert waren, und unsere Gruppe blieb zusammen. Zum Beispiel wuschen wir uns mit Kaffee. Alle erhielten morgens eine Portion Kaffee durch Hilde (Fo-

---

[111] "Oktober/November 1944 – Nach der Niederschlagung des Warschauer Aufstands werden etwa 1000 Angehörige der polnischen Heimatarmee – die Hälfte davon weiblich – als Kriegsgefangene in das Kriegsgefangenenlager Bergen-Belsen gebracht. – Mehrere tausend Zivilisten aus dem Warschauer Aufstand – ausschließlich Frauen und Kinder – sind bereits seit August in das Frauenlager des KZ Bergen-Belsen transportiert worden." https://bergen-belsen.stiftung-ng.de/de/geschichte/ (ERW)

[112] "Der Aufstand im Warschauer Ghetto war ein Aufstand der im Warschauer Ghetto gefangenen Juden gegen ihre Deportation in Vernichtungslager, der während der deutschen Besetzung Polens stattfand. Die völlig unzureichend bewaffneten Aufständischen erhoben sich am 19. April 1943 und lieferten der nationalsozialistischen Besatzungsmacht mehrere Wochen lang erbitterte Gefechte. Getragen wurde der Aufstand von der Jüdischen Kampforganisation (ŻOB) unter der Leitung von Mordechaj Anielewicz, dem Jüdischen Militärverband (ŻZ W) und anderen Organisationen. Am 16. Mai 1943 meldete der Befehlshaber auf deutscher Seite, Jürgen Stroop, die Niederschlagung des Aufstands; am gleichen Tag ließ Stroop die Große Synagoge sprengen." https://de.wikipedia. org/wiki/Aufstand_im_Warschauer_Ghetto; dazu: Erhard Roy Wiehn, Ghetto Warschau – Aufstand und Vernichtung 1943 fünfzig Jahre danach zum Gedenken. Konstanz 1993. (ERW)

tos S. 110 u.123),[113] sie war genial! Sie sagte: "Jedesmal werden zwei Mädchen ihren Kaffee abgeben, und jeden Tag wird sich ein anderes Mädchen damit waschen." Damit haben wir auch unsere Haare gewaschen, verstehen Sie? Und wir tranken alle, jede von uns, nur ein bißchen von dem Kaffee, den wir bekamen. Wir tranken nur die Hälfte von diesem Kaffee.

F: Hatten Sie kein Wasser?

A: Es gab Wasser. Es gab einen Wasserhahn, ich erinnere mich an diesen Wasserhahn: Wir hatten nicht genügend Zeit, um unsere Hände zu waschen, sie drehten das Wasser ab. Für unsere Haare war es *(nicht)* genug, so machten wir es mit Kaffee. Bei der Ankunft setzten sie uns an einen Ort, wo Schuhe gelagert waren. Wir setzten uns auf die Schuhe (es war eine Art Lagerhaus für Schuhe). Das Regenwasser tropfte herunter. Und so war das immer, die ganze Zeit hat es geregnet. Wissen Sie, wenn es in Europa regnet, dann regnet es tagelang.

Und später haben sie uns dort untergebracht – offensichtlich verlegten sie einige Kriegsgefangene, die dort waren. Belsen war zuerst ein Lager für Kriegsgefangene.[114] Seit unserer Ankunft in Bergen-Belsen

---

[113] Hilde Grünbaum; siehe S. 33 f. (ERW)

[114] "Das Konzentrationslager Bergen-Belsen war ein nationalsozialistisches Konzentrationslager im Ortsteil Belsen der Gemeinde Bergen im Kreis Celle in der damaligen Provinz Hannover, heute Land Niedersachsen. – Das Lager entstand aus Baracken, die bis 1939 als Unterkünfte für Arbeiter dienten, die den Truppenübungsplatz in Bergen errichtet hatten. Die Baracken wurden nach Kriegsbeginn bis Januar 1945 von der Wehrmacht in ein Lager für belgische und französische, dann auch für sowjetische Kriegsgefangene umfunktioniert. 1943 übernahm die SS einen Teil des Lagers und nutzte es als 'Aufenthaltslager' für 'Austauschjuden', jüdische Häftlinge, die gegen deutsche Zivilinternierte im Ausland ausgetauscht werden sollten. Später kamen ein Männer- und ein Frauenlager für kranke und arbeitsunfähige Häftlinge aus anderen Konzentrationslagern hinzu. Ab März 1944 wurden weitere Zehntausende Häftlinge aus frontnahen Konzentrationslagern in das KZ Bergen-Belsen verlegt. Bis zur Befreiung des Lagers durch britische Truppen am 15. April 1945 starben im KZ Bergen-Belsen mindestens 52.000 Häftlinge aufgrund der Haftbedingungen. Für Tausende war es eine Durchgangsstation in Vernichtungslager." https://de.wikipedia.org/wiki/KZ_Bergen-Belsen (ERW)

waren wir immer zusammen. Als wir ankamen, sagten wir dem Kommandanten von Bergen-Belsen, dass wir ein Orchester sind und zusammenbleiben wollen. Er nickte: "Orchester? Hier werdet ihr nicht spielen..."*

F: Hatten Sie die Instrumente dabei?

A: Nein. Die Instrumente blieben dort *[in Auschwitz]*. Danach waren wir in einem Block zusammen. Wir waren eine ziemlich große Gruppe. Wie viele Mädchen waren wir? Ich erinnere mich nicht. Dort waren Anita, Renate, Rivka und ein anderes Mädchen und Hilde (Fotos S. 117 u. 125) und das "mit weißen Pferden" (später hatte sie Typhus und schrie, dass sie weiße Pferde sehe. Das war kurz vor der Befreiung), Else[115] und Karla. Wir waren eine ziemlich große Gruppe und schliefen zusammen - ich schlief mit Anita Lasker in einem Bett - zwei in einem Bett. Da waren diese "Prycza", Betten [Stockbetten, Drei-Etagen-Betten]. Es war ein Lager für Kriegsgefangene, deshalb gab es dort Betten.

Wir aßen dort. Wir versammelten uns um die Betten und aßen. Hilde organisierte es so: Sagen wir, wir kochten Kartoffelsuppe, sie organisierte, - das lernte ich von ihr: Gerechtigkeit - dass jede zwei Löffel Suppe bekam. Wir saßen immer auf denselben Plätzen im Kreis. Wenn die Suppe zu Ende war für diesen Tag [bei einem bestimmten Mädchen], dann war morgen dieses nächste Mädchen das erste, das Essen bekam. So ging es mit allem. Und sie [Hilde] war diejenige, die uns wegschickte [um Dinge zu holen]: sie schickte Karla nach Kanada,[116] und Karla brachte Unterwäsche. Aber sie gab die Unterwäsche nicht Karla, sondern einem Mädchen, das Unterwäsche brauchte, dieses Mädchen bekam sie.

F: In Bergen-Belsen gab es auch Kanada?

---

* Richard Newman mit Karen Kirtley, a.a.O., S. 388 f.

[115] Else Felstein.

[116] Effektenlager, Depot; wegen seines "Reichtums" *Kanada* genannt. (ERW)

A: Ja.

F: Was taten Sie dort alle Tage? Haben Sie gearbeitet?

A: Es gab dort eine Weberei* in der Halle für Näharbeiten. Ich muß hier - weil ich ein Teil der Gruppe war - etwas über Anita sagen. Dies war sehr wichtig, diese Hilfe. Weil, wissen Sie, nicht alle wußten, wie man ohne die Hilfe der Freundinnen alles so wunderbar bewältigen kann. Und ich muß Ihnen über Hildes Heldentum sagen, besonders über ihre Organisation und ihren Einsatz. Sie hielt uns alle am Leben! Sie hatte Mut. Wissen Sie, ich denke daran bis zum heutigen Tag. Sie hat in Bergen-Belsen entschieden, dass wir blaue Hemden für die Holländer in der Brotkammer organisieren müssen. Sie nahm Anita Lasker mit. Sie waren zwei Mädchen aus Deutschland, und sie gingen immer mit einer SS-Frau. Anita erzählte der SS-Frau einige Geschichten, um sie abzulenken, und Hilde ging, um Brot zu besorgen. Die SS-Frau sagte ihr: "Du gehst, nimmst das Brot mit zwei anderen Frauen oder wer gerade dort ist." So haben die Männer das Brot herausgebracht und zählten: "Eins, zwei, drei, drei, vier, fünf, fünf, sechs, sieben, sieben, acht..." Und so konnten sie einige Brotlaibe mehr nach Hause bringen. Und sie gaben sie ihr, weil sie jüdisch waren. Das war in Bergen-Belsen.

Sie sollten wissen, welche Art Terror dort war. Es waren immer Wachen am Tor. Sie [Hilde] trug einen Mantel über einem Mantel und versteckte darunter zwei Brotlaibe, und so ging sie. Sie hatte alle Möglichkeiten, von der SS-Frau Dinge zu bekommen. Sie waren wie gute Freundinnen, zu ihrem Vorteil. Anita und Hilde brachten Kartoffeln, ich weiß nicht genau von wo. Sie [Hilde] sagte mir gestern: "Ich riskierte mein Leben. Wenn ich <u>heute</u> [1984][117] daran denke, was ich <u>damals</u> für mich, für jemanden, für meine Freunde tat! ..." Und so saßen wir und aßen Kartoffelsuppe, die sie in der Weberei

---

* "In the Weberei we platted strips of cellophane into long ropes." Anita Lasker-Wallfisch am 29.02.2006 in einem Brief an Arie Olewski.

[117] Unterstreichungen im Original. (ERW)

gekocht hatte und ins Lager brachte. Und wir saßen alle wieder am Abend und aßen.

F: Was haben Sie in der Weberei gemacht? Welche Arbeit?

A: Wir haben nichts gemacht. Wir saßen nur da und warteten.

F: Dass der Krieg bald zu Ende geht?

A: Ja.

F: Was haben Sie dort gesehen, was die Leute machten? Da gab es Menschen, die vor Hunger starben.

A: Es gab solche, die vor Hunger starben.

F: [Unklar]

A: Natürlich war es nicht. Ich sollte Ihnen sagen, ich kann mich nicht an diese Perioden erinnern, wo wir sehr hungrig waren. Es gab immer jemand, der etwas fand oder etwas bekam.

F: War das deshalb, weil Sie eine Gruppe waren?

A: Ja. Hilde hat immer aufgepaßt. Ich sage Ihnen, sie brachte einen anderen Laib Brot und teilte ihn mit ihren Freundinnen. Sie organisierte Hemden für die Jungen, und sie arrangierte es so, Gott behüte, dass niemand benachteiligt wurde. Alle bekamen. Und das war so schön: Juden aus Polen und aus Deutschland, wir alle zusammen in einer Gruppe.

F: Juden?

A: Juden. Ich wünsche, dass hier in Israel solche Juden wären. Wissen Sie, als ich nach Israel kam, wußte ich nicht, dass es sephardische Juden[118] gibt oder dass ich eine aschkenasische Jüdin[119] bin.

---

[118] Jüdinnen und Juden, die ursprünglich aus Spanien oder Portugal stammten; https://de.wikipedia.org/wiki/Sephardim; Spanien heißt auf Hebräisch: "sfarad". (K.S./ERW)

[119] Mittel-, nord- und osteuropäische Jüdinnen und Juden und ihre Nachfahren; https://de.wikipedia.org/wiki/Aschkenasim (ERW)

Ich wußte vorher nicht, was ein Aschkenasi ist oder ein sephardischer Jude. Ich dachte, dass jemand dann sephardisch ist, wenn er in Spanien geboren wurde.

F: Haben Sie in Auschwitz keine Juden aus Nordafrika getroffen, zum Beispiel?

A: Nein, ich habe keine getroffen. Ich war mit griechischen Frauen zusammen. Wir mochten einander. Sie waren jüdisch und ich auch. Yvette mochte ich sehr. Sie war solch eine Frau! Ich hörte, sie und ihre Schwester Lili sind jetzt *[1984]* in den Vereinigten Staaten. Ihre Schwester ist älter. Oj! Wie Alma Rosé sie immer anschrie...

So hielten wir zusammen. Wir dachten, dass...

Inzwischen kam Kramer[120] nach Bergen-Belsen. Er wurde der Lagerkommandant. Und das Orchester – sie sprachen immer wieder darüber, sie würden das Orchester *(neu)* organisieren. Aber das geschah

---

[120] "Josef Kramer (* 10. November 1906 in München; † 13. Dezember 1945 in Hameln) war ein deutscher SS-Führer und Lagerkommandant der Konzentrationslager Natzweiler-Struthof, Auschwitz-Birkenau und Bergen-Belsen, der als Kriegsverbrecher im Bergen-Belsen-Prozess zum Tode verurteilt und hingerichtet wurde. *[...]* Im Zuge der Zusammenlegung des KZ Auschwitz mit dem KZ Auschwitz-Birkenau wurde Kramer in das KZ Bergen-Belsen versetzt und übernahm dort am 2. Dezember 1944 die Lagerleitung als Nachfolger von Adolf Haas. Einen Teil seines bisherigen Personals nahm er mit nach Bergen-Belsen. Unter seiner Führung wurde im sogenannten Sternlager die jüdische Häftlingsselbstverwaltung abgeschafft. Jüdische Gefangene wurden aus 'besonders geschützten Arbeitsstellen' entfernt und durch nichtjüdische Funktionshäftlinge ersetzt, die umgehend ein Schreckensregiment einführten. Zudem verschlechterten sich die Lebensbedingungen für die jüdischen Häftlinge durch herabgesetzte Nahrungsrationen und Überbelegung von Häftlingsbaracken. – Die Zustände im Lager entwickelten sich unter Kramers Lagerkommandantur zu einem unvorstellbaren Grauen, dem die meisten Belsen-Häftlinge, hauptsächlich durch Entkräftung und Typhus, zum Opfer fielen. Bergen-Belsen wurde gegen Kriegsende Ziel etlicher Evakuierungstransporte anderer Konzentrationslager, dadurch war das Lager völlig überbelegt, und die zunehmend schlechte Versorgungslage und Seuchen forderten massenweise Todesopfer. – Kurz vor der Befreiung des Lagers ließ Kramer noch die Akten der Kommandantur vernichten und wies die entkräfteten Häftlinge an, die zu Tausenden auf dem Lagergelände herumliegenden Leichen wegzuräumen. Im Januar 1945 hatte er noch das Kriegsverdienstkreuz der 1. Klasse verliehen bekommen." https://de.-wikipedia.org/wiki/Josef_Kramer (ERW)

nicht, weil - ich erinnere mich nicht wann, nur dass sie uns sagten - die Briten wären schon nahe, und es war Krieg.

Ich muß sagen, ich persönlich wußte nicht, was in der Welt geschieht, und ich denke, es hat mich auch nicht interessiert. Sehen Sie, ich hatte niemanden mehr, und am Tag der Befreiung dachte ich nur an eines: Ich habe keinen Ort, wohin ich gehen könnte. Die einzigen Leute, die ich kannte, waren in dieser Gruppe, die zusammen nach Eretz Israel gehen wollten.

F: Was geschah mit Ihrem Vater?

A: Vater? Er ging vom Zug direkt in seinen Tod.

Ich will Ihnen noch etwas zu Rozka Rembiszewska sagen, das Mädchen, das mich nach vorne schubste. Sie hatte Typhus. Sie stand neben mir und redete, gleichzeitig hatte sie Durchfall, so hat man sie ins Revier *[Krankenbaracke]* gebracht, und ich sah sie nie wieder.

F: In Bergen-Belsen?

A: Nein, nein, in Auschwitz. Nachdem [sie mich in das Orchester drängte] - vielleicht hat es etwas länger gedauert - ging sie in die Nähstube (wo sie Kleidung nähten und reparierten), und sie arbeitete dort ein bißchen, aber sie konnte das nicht überleben. Kurz danach, vielleicht zwei oder drei Wochen später sah ich, dass sich ihr Gesundheitszustand langsam verschlechterte. Und das war's.

Das war wirklich nicht fair. Wissen Sie, so ein wunderbares und kluges Mädchen. Und ich erinnere mich, sie konnte Entscheidungen treffen. Mein Bruder hat ihr einmal einen Brief geschickt und sagte ihr, dass sie ihn als Elektriker irgendwohin schicken wollten, aber er kannte [diesen Beruf] nicht, weshalb er nicht gehen konnte, weil er kein Elektriker war. So schrieb sie ihm zurück: "Wer sagte, dass du kein Elektriker bist? Ja, bist du ein Elektriker!" Sie wurde wütend und schrieb ihm: "Du mußt sagen, dass du ein Elektriker bist, Du wirst es schon schaffen!" Er hätte den Hinweis verstehen müssen, dass jemand ihm zeigen wird, wie man arbeitet. Das Wichtigste war, hier rauszukommen.

Sie war sehr realistisch. Ich hatte immer das Glück, Leute zu treffen, die sehr realistisch waren. Wissen Sie, nach dem Tag der Befreiung kam [Yossel] Rosensaft herein und gab mir sofort zwei Paar Socken.

Ich möchte Ihnen dies noch sagen: Als Kind war ich sehr empfindlich und mitfühlend. Ich hatte Mitleid mit Leuten. Ich leide nicht einmal unter Leuten, denen ich helfe. Ich bekam nie ein Dankeschön. Einmal bekam ich so ein Dankeschön, und es war als ob sie dachten: "Wer weiß, wie sie uns beschummelt?"

Aber als ich noch zu Hause war [in Bendzin], kam ein alter Jude im Winter in Lumpen und bat um ein Almosen. Er hat mir sehr leid getan. Ich habe ihn hereingeholt und sagte dem Hausmädchen, das auch Köchin war: "Gib ihm etwas Warmes zu trinken, damit er sich etwas aufwärmen kann." Er hat getrunken. Sie gab ihm auch etwas zu essen.

Als er hinausging, sagte er: "Mein Kind, während deines ganzen Lebens wird dir nichts fehlen. Du wirst immer etwas haben. Dir wird nichts fehlen, insbesondere nicht Essen." Und er ging.

Ich rannte zum Fenster, weil ich sehen wollte, wohin er ging. Aber er verschwand, als hätte ihn die Erde verschluckt!

Als Mädchen dachte ich immer - ich war ein Mädchen mit blühender Phantasie - dass es Elijah, der Prophet gewesen sein könnte...

Als ich in Auschwitz ankam, war jeder hungrig. Einer bestahl den anderen. Aber ich war nicht hungrig. Ich dachte: "Mir wird nichts fehlen! Immerhin bekam ich einen Segen, solch einen Segen!" Und er half mir, sogar jetzt.

Später in Bergen-Belsen war mein Mann im Komitee, und sie brachten alle möglichen Dinge. Der eine brachte Lebensmittel, der andere brachte... Ich tat überhaupt nichts, um etwas zu bekommen. Yossel Rosensaft kümmerte sich um unsere Bedürfnisse. Als ich nach Israel kam, herrschte die [Depressions-] Periode[121] Dov Yosefs [Finanzminister], und Rosensaft schickte uns eine Kiste von 153 Kilo, 75 Kilo Dosenfleisch *[so im englischen Text].*

F: [Unklar]

A: Nein, aus Bergen-Belsen. Er hat alles gesammelt, während er die Auflösung des Lagers zu Ende führte. So schickte er eine Kiste mit Proviant. Ich teilte immer mit anderen Leuten.

---

[121] Rachela Olewski kam am 3. April 1949 nach Israel. – Dov Yosef war Finanzminister von Anfang Oktober 1951 bis gegen Ende Dezember 1951; https://en.wikipedia.org/wiki/Ministry_of_Economy_(Israel); https://en.wikipedia. org/wiki/Dov_Yosef; dazu auch: "Das Ministerium für Rationierung und Versorgung in Israel (hebräisch *Misrad ha-Kizuv we-ha-Aspaka*) war ein nur eineinhalb Jahre bestehendes Portfolio im israelischen Kabinett, das am 26. April 1949 durch David Ben-Gurion gegründet wurde um das israelische Sparprogramm umzusetzen. Minister war Dov Yosef. Nachdem das Sparprogramm umgesetzt wurde, schloss Ben-Gurion das Ministerium bei der Bildung der zweiten Regierung im Oktober/November 1950." https://de.wikipedia.org/wiki/Ministerium_für_Rationierung_und_Versorgung_(Israel) – Dazu auch: "From 1949 to 1959, the state of Israel was, to a varying extent, under a regime of austerity (Hebrew: צנע, *Tzena'*), during which rationing and similar measures were en-forced. – Soon after establishment in 1948, the emerging state of Israel found itself lakking in both food and foreign currency. In just three and a half years, the Jewish population of Israel had doubled, increased by nearly 700,000 immigrants. Consequently, the Israeli government instigated measures to control and oversee distribution of necessary resources to ensure equal and ample rations for all Israeli citizens. – In addition to the problems with the provision of food, national austerity was also required because the state was lacking in foreign currency reserves. Export revenues covered less than a third of the cost of imports, and less than half of the consequent deficit was covered by the Jewish loan system known as *Magbiyot* (Hebrew: מגביות, lit. *Collections*). Most financing was obtained from foreign banks and gas companies, which, as 1951 drew to an end, refused to expand the available credit. In order to supervise austerity, the prime minister, David Ben-Gurion, ordered the establishment of the Ministry of Rationing and Supply (Hebrew: משרד הקיצוב והאספקה, *Misrad HaKitzuv VeHa-Aspaka*), headed by Dov Yosef." https://en.wikipedia.org/wiki/Austerity_in_Is-rael (ERW)

Die Befreiung

F: Was können Sie über die Befreiung von Bergen-Belsen sagen? Wie war die Befreiung?

A: Diese Befreiung, ich habe schon so viel darüber gesprochen. Bergen-Belsen... Also wir gingen nicht mehr aus unserem Block; es gab immer Block-Sperre [Ausgangssperre]. Wir hörten überall diese Bomber, also wußten wir, dass das Ende naht.

Am 15. April hörten wir plötzlich eine Stimme durch die Lautsprecher: "Ihr seid frei!" Wer immer noch Kraft hatte, begann nach draußen zu rennen. Leider erwischten einige Mädchen aus dem Orchester Typhus in Bergen-Belsen. Es war nicht so wie in Birkenau [wo sie behandelt werden konnten]. Sie starben alle.

Als wir hörten: "Ihr seid frei!", gingen wir raus, um zu schauen. Kramer[122] fuhr auf einem britischen Panzer. Vor ihm war ein kleines Fahrzeug, aus ihm stieg ein holländischer Jude und fragte, ob wir seine Frau kennen, die in Bergen-Belsen sei. Und wir wußten, dass sie vor zwei Tagen alle diese [holländischen] Frauen aus dem Lager holten und auf ein Schiff gebracht hatten und dann das Schiff versenkten. Das war in Neustadt.[123] Das war ein Schiff, das mit Leuten aus Bergen-Belsen ausgelaufen ist. Sie haben das Schiff versenkt. Die Briten haben das Schiff versenkt; sie dachten irrtümlicherweise, dass es ein anderes Schiff war...[124] Ich kann es nicht genau sagen;

---

[122] Siehe hier S. 46, Fußnote 76.

[123] Holstein, Ostsee. (ERW)

[124] "Am 26. April 1945 wurde die *Cap Arcona* (ein früherer Luxusdampfer der Hamburg-Südamerika-Linie) mit Häftlingen aus dem KZ Neuengamme (am Stadtrand von Hamburg) und den Überlebenden des Todesmarsches aus dem KZ Fürstengrube und anderen schlesischen Lagern beladen und zusammen mit zwei kleineren Schiffen, der *Thielbek* und der *Athen*, in die Lübecker Bucht gebracht in der Absicht, Spuren der KZ-Verbrechen zu vernichten. – Am 3. Mai 1945 trieben die *Cap Arcona*, die *Thielbek*, die *Athen* und die *Deutschland IV* schutzlos in der Lübecker Bucht zwischen Neustadt (Holstein) und Scharbeutz. Sie wurden von alliierten Fliegern in Brand geschossen und versanken später. Rund 7.000 bis 8.000 KZ-Insassen verbrannten oder ertranken." https://de.wikipedia.org/wiki/Neustadt_in_Holstein;https://de.wikipedia.org/wiki/Cap_Arcona_(Schiff,_19

ich kenne die Einzelheiten nicht, was geschah, aber ich weiß, dass sie umkamen. Alle in diesem Transport sind umgekommen, unter ihnen war seine Ehefrau, eine junge Frau. Ich kannte seine Frau, weil sie aus Holland war. Sie war eine Freundin unserer Flora.

Und das war's eigentlich. Als wir befreit wurden, rannten Leute unkontrolliert zu den Lebensmitteln, die die Soldaten...

F: Was hat Kramer auf dem Tank gemacht?

A: Immerhin war er der Lagerkommandant, so nahmen sie ihn auf eine Tour durch das Lager mit. Er sagte uns: "Geht in die Blocks!" Und die Soldaten sagten ihm: "Halt' den Mund! Sie haben hier überhaupt nichts mehr zu sagen! Sie sind außer Dienst!"

F: Erinnern Sie sich an irgend etwas von ihm? War er wegen seiner Grausamkeit bekannt?

A: Ob ich mich erinnere? Ich erinnere mich nicht. Wissen Sie was? Jeder hat für sich selbst gelebt; wir lebten wie eine Gruppe, wir waren zusammen. Die wichtigste Sache war, dass sie uns nicht anrührten. Alles andere zählte nicht mehr. Ich erinnere mich nur, als ich einmal zwei Schläge ins Gesicht bekam von der Lagerältesten in Bergen-Belsen, eine slawische Frau, die sehr bekannt ist: Joji. Sie nannten sie Joji. Diese Joji - vielleicht ist Ihnen ihr Name schon begegnet? - Eine slawische Frau. Sie stand übrigens vor Gericht in Lüneburg, und sie wurde für schuldig befunden, aber einer der britischen oder amerikanischen Richter verliebte sich in sie, heiratete sie und befreite sie.[125]

---

27); Eberhard Jäckel et al. (Hg.), Enzyklopädie des Holocaust. Band II, München 1995, S. 996 f.; dazu auch: Rafael Olewski, Tor der Tränen. Konstanz 2014, S. 297. (ERW)

[125] Unter den 45 Verurteilten des Bergen-Belsen Prozesses 1945 in Lüneburg, könnte diese Beschreibung nur auf zwei Personen zutreffen: Johanne Roth und Helene Kopper. Johanne kam aus Schlesien und war Funktionshäftling sowohl in Auschwitz als auch in Bergen-Belsen, Kapo und Stubenälteste zuerst in Block 213, dann in Block 199. Helene Kopper war Funktionshäftling aus Polen und Blockälteste. Keine der beiden war Lagerälteste (das war Stanislawa Starostka). Johanne wurde zu 10 Jahre, Helene zu 15 Jahre Haftstrafe verurteilt. Johanne

F: Sie lebt in den Vereinigten Staaten [1984].

A: Ja, ja.

F: In Auschwitz sprachen die Liliputaner über sie.

A: Ja, ja. Die Joji. Diese Joji war... Sie wissen... Dort war eine Mutter mit ihrer Tochter, und sie *[Joji]* wollte sie trennen. Und ich stand da, wie wenn ich [sie] verstecken wollte...

F: War sie jüdisch?

A: Jüdisch! Sie war jüdisch! Und die Tochter hat sich geweigert, von ihrer Mutter getrennt zu werden. Nun, hatte sie mehr als eine Mutter? Sie wollte bei ihrer Mutter sein. Also sie [Joji] packte sie und zog sie zurück. Und ich stand [dazwischen], vielleicht würde sie nicht aufmerksam sein und mich vorbeigehen lassen. Aber ich bekam von ihr zwei Schläge ins Gesicht! Ich war sicher, dass ich beiseite falle! Aber sie [die Tochter] war erfolgreich; sie hat es geschafft, bei ihrer Mutter zu bleiben. Ob sie überlebten – weiß ich nicht.

F: War das in Auschwitz oder in Bergen-Belsen?

A: Das war in Bergen-Belsen. Es war so ein Chaos in Bergen-Belsen...

F: Können Sie sich an diese Kapo in Auschwitz erinnern?

A: Welche? Die Joji? Ja, sie war zusammen mit Stenia.[126] Stenia war eine hübsche Polin. Sie wurde im Lüneburg Prozeß zu zehn Jahren

---

wurde im Jahre 1950 freigelassen (sie steht auf der Angeklagtenliste direkt vor Stanislawa Starostka, siehe folgende Fußnote). Helene Kopper wurde 1952 freigelassen. Bei beiden gibt es noch etwas Gemeinsames, nämlich, dass man über ihr Schicksal nach 1950 bzw. 1952 überhaupt nichts weiß. (K.S.)

[126] Stanislawa Starostka (1917–?). August 1943 war sie Lagerälteste im Birkenauer Frauenlager. Man nannte sie "Stenia, die Peitsche". Sie war eine der grausamsten und sadistischsten Funktionshäftlinge im ganzen Lager. Sie wurde zu einer Freiheitsstrafe von zehn Jahren verurteilt, wurde jedoch bereits 1950 aus der Haft entlassen. Ihr Schicksal nach der Entlassung ist unbekannt. (A.O. / K.S.) – https://de.wikipedia.org/wiki/Stanisława_Starostka

Gefängnis verurteilt. Sie verprügelte alle. Sie hat sogar Leute getötet, wirklich, auch polnische Frauen, obwohl sie selbst eine Polin war. Sie war "Z powstania".[127] Sie sagte uns, dass sie verraten wurde. Aber sie war solch eine sadistische Person. Sie könnten sagen, weil sie eine Antisemitin war, hätte sie nur Juden getötet, aber sie tötete auch Polen!

Ich erinnere mich an die Befreiung, als die Briten herein kamen. Wir begannen, zum Männerlager zu rennen, um zu sehen, ob wir jemanden kennen. Ich erinnere mich, dass dort eine Person auf dem Boden lag, die einen Arm hob und fragte... Er sprach verschiedene Sprachen, jede Sprache, in der man ihn ansprach. Er sprach Französisch, Englisch, Italienisch - er wußte alles. Sie nahmen ihn. Sie legten ihn auf eine Karre und brachten ihn weg. Dann kam Dr. Glyn Hughes.[128] Ich denke, dass Glyn Hughes kam und sich um ihn kümmerte. Ob er überlebte, weiß ich nicht.

Ich weiß aber, dass viele Leute während der Befreiung starben. Es gab solche Leute, ich weiß, die genau am Tag der Befreiung starben. Und wir, wir hatten Glück. Fast 50 Prozent von uns aus dem Orchester hatten sich bereits vom Typhus in Auschwitz, in Birkenau, erholt, deshalb waren wir stärker.

F: Kann er [Typhus] *später zurückkommen?*

A: Nein, aber ich hatte noch einmal Typhus - eine andere Art -, Bauchtyphus, man hat Bauchschmerzen. Jochi, meine Tochter war noch klein, als mich der Typhus noch einmal erwischte. Aber bis der Doktor kam und sie alle medizinische Untersuchungen gemacht hatten, da war ich schon wieder gesund.[129]

---

[127] Z powstania – eine Gefangene, die nach dem polnischen Warschauer Aufstand im ins Lager gebracht wurde. (A.O.) – Siehe S. 62, Fußnote 110.

[128] "Hugh Llewelyn Glyn Hughes, genannt *Glyn Hughes*, CBE (* 25. Juli 1892 in Ventersburg, Südafrika; † 24. November 1973 in England) war ein britischer Militärarzt. Er leitete die Rettungs- und Rehabilitierungsmaßnahmen der Überlebenden des Konzentrationslagers Bergen-Belsen." https://de.wikipedia.org/wiki/Hugh_Llewelyn_Glyn_Hughes (ERW)

[129] Das geschah zwei Jahre nach der Befreiung.

F: Können Sie sagen, was nach der Befreiung geschah?

A: Nach der Befreiung haben wir uns organisiert. Leute vom Roten Kreuz kamen und begannen, uns mit Desinfektionsbädern gegen Läuse zu behandeln. Aber nicht alle gingen durch die Desinfektion. Hilde sagte, sie erinnere sich nicht, aber ich erinnere mich. Sie schickte Sylvia, die heute [1984] im Weizmann-Institut arbeitet, die kleine Sylvia. Sie übernahm die Desinfektion für alle anderen. Jedes Mal, wenn sie den Desinfektionsraum betrat, tat sie dies mit einem anderen Namen und schickte uns die Bescheinigung.

Ich vermute, wir rannten alle zum Essen. Ich habe ein Foto aus der Zeit nach der Befreiung, nicht sofort danach, vielleicht zwei Monate später: Ich war sehr dick! (Foto S. 117) Wissen Sie: Essen, Essen, reichlich Essen. Damals war ich nicht mehr verwöhnt; ich aß alles, was es gab.

Und nach der Befreiung wollten wir gehen.

F: Wie lange sind Sie nach dem Tag der Befreiung dort geblieben?

A: Wir blieben zusammen, die ganze Gruppe. Wir entschieden, dass wir gemeinsam nach Palästina, nach Eretz Israel fahren würden. Und jemand kam auf die Idee, ich denke, das war wieder Hilde, dass wir eine Gruppe organisieren sollen. Der Plan war, zu Fuß zu gehen und per Anhalter zu fahren. Also zwei junge Männer gingen 20 km voraus, sie kamen an, mieteten eine Wohnung, ein Zimmer, und sie kamen zurück, um zwei Frauen zu holen.

F: Wohin?

A: Sie kamen nach Celle. Und sie nahmen zwei Frauen mit. Nachdem diese zwei Frauen sich organisiert hatten, kamen die Jungs zurück und holten die nächsten zwei Frauen. Auch wir begannen schon zu gehen: Rivka (Nétzer Seréni), ich und eine andere Freundin von mir (sie lebt auch schon in Israel *(1984)*), wir sind dort angekommen *[in Celle]*. Das war Hildes Idee, und sie gibt es bis zum heutigen Tag nicht zu, weil sie sich daran nicht erinnern kann. Sie sagt, dass sie Bergen-Belsen nicht verlassen wollte.

F: Was geschah dort danach?

A: Wir kamen nach Celle. In Celle sagte eines unserer Mädchen, Rivka: "Ich hörte, dass es hier ein Männerlager gibt. Laßt uns mal schauen, ob wir dort jemanden kennen." So gingen wir zum Lager.[130] Wir waren drei polnische Frauen. Sie hat dort jemanden von Gordónia getroffen, aus Chrzanów,[131] sie traf Berl Laufer, und sie fragte: "Hör', ist hier jemand von Gordónia, aus Bendzin? Gibt es hier Leute von dort?" Und er antwortete: "Geh' hinunter zu einem Zimmer, dort sind ein paar Leute aus Bendzin. Frag' nach ihnen!"

Sie traf dort ihren künftigen Ehemann, Aharon Bacia. Es war Liebe auf den ersten Blick, er liebte sie, und sie liebte ihn. Erst gestern *(1984)* hat er erzählt, was damals genau geschah. Und bei der Gelegenheit, am gleichen Tag, traf ich meinen künftigen Mann, Rafael Olewski. Und auch die dritte Freundin[132] fand dort ihren Mann. Sie traf sich mit Laufer, aber sie heirateten nicht, weil er vor dem Krieg schon eine Freundin hatte und sagte, solange er die sterblichen Überreste nicht findet, wird er niemanden heiraten. Seine Freundin kam, und sie heirateten. Sie lebten in Toronto.[133] Er lebt nicht mehr *(1984),* aber vor einem Jahr habe ich sie in Toronto besucht.

Nach der Befreiung

F: Sie haben früher gesagt, dass Sie nach Eretz Israel gehen wollten.

---

[130] Heidekaserne (oder Taunton Barracks, heute das Neue Rathaus) in Celle; nach Ende des Zweiten Weltkriegs diente die Kaserne als Flüchtlingslager, das von den Vereinten Nationen verwaltet wurde (K.S.); dazu: Rafael Olewski, Tor der Tränen. Konstanz 2014, S. 335.

[131] "Chrzanów liegt 30 Kilometer südöstlich von Katowice und 40 km westlich von Krakau. Die Stadt liegt am Fluss Chechło, einem Nebenfluss der Weichsel (*Wisła*) an der Grenze zwischen dem Krakau-Częstochowa-Hochland und dem Schlesischen Hochland"; https://de.wikipedia.org/wiki/Chrzanów (ERW)

[132] Anscheinend Mula [später: Bleich].

[133] Berl und Fanny Laufer.

A: Ja. Ich sage Ihnen, wir kamen nach Celle, nur 20 km von Bergen-Belsen entfernt, 20 km insgesamt, und wir blieben in Celle.

Und danach gingen wir wieder nach Bergen-Belsen. Rafael, mein Ehemann seligen Angedenkens, war sehr aktiv. Er war Direktor der kulturellen Aktivitäten in Bergen-Belsen. Er leitete das kulturelle Leben der ganzen britischen Zone, er war der Kulturleiter der britischen Zone, und es gab dort viele Angestellte.

Sie wählten natürlich Yossel [Rosensaft] zum Vorsitzenden. Aber Yossel war immer noch Yossel. Er war ein guter Mensch, Rosensaft. Jeder kannte Yossel Rosensaft. Sie wählten ihn. Er wurde nicht über Nacht ein Leiter. Alle, einschließlich der Leute von der Jüdischen Brigade[134] wählten ihn.

Danach kamen Freunde aus der Brigada *[Jüdische Brigade]* und organisierten den Kongreß. Unterm Strich war er [Yossel] eine sehr starke Persönlichkeit. Er hatte Führungsqualitäten, und er hatte auch Freunde. Sie wählten Yossel Rosensaft zu ihrem Vertreter. Es gab zehn Männer im Block 3. Yossel war sehr beliebt, und ab dem ersten Augenblick organisierte er alles für alle. Wissen Sie, er wußte, wie man organisiert. Er besorgte und brachte mehr Lebensmittel und organisierte für jeden...

F: Wie viele Jahre blieben Sie dort?

A: Bis 1949. Solange waren wir dort. Mein Mann war im Jüdischen Zentralkomitee. Er war der Kulturleiter.

F: Und was haben Sie gemacht?

A: Gar nichts.

---

[134] Die Jewish Brigade Group (Jüdische Brigade) wurde am 20. September 1944 als eigenständige Einheit innerhalb der britischen Armee aufgestellt und im Juni 1946 aufgelöst; sie bestand aus ca. 5.000 Freiwilligen aus Palästina; seit Anfang August 1942 hatten bereits drei jüdische Bataillone in der britischen Armee in Ägypten und Nordafrika gekämpft; siehe Sami Scharon, Gestritten, gekämpft und gelitten – Von Danzig nach Erez Israel, bei der britischen Armee in Nordafrika, mit der 'Jewish Brigade Group' durch Italien, Deutschland, Holland und Belgien, dann Offizier in der israelischen Armee 1923–1948. Konstanz 2002, S. 233 ff., 236, 237; dazu auch http://en.wipedia.org/wiki/Jewish_Brigade (ERW)

F: Haben Sie ein Mädchen zur Welt gebracht?

A: Ich habe ein Mädchen geboren, ja. Jochi wurde dort geboren.

Wir haben zu Hause ein gastliches Haus geführt, und verschiedene Leute kamen aus Paris und anderen Orten. Ich bereitete das Mittagessen, und ich hatte stets Hilfe. Meine Freunde von der Hanoár Hatzióni Gruppe kamen immer zu Besuch. Einmal kam ein Pianist, und ein andermal kam Schamai Rosenblum. Ich erinnere mich, dass er in unserem Haus in Bergen-Belsen war.

F: Ist er ein Kantor?

A: Nein, er ist kein Kantor.

F: Spielt er (ein Instrument)?

A: Er hat rezitiert *[Yizkor 1980]*.

F: Ein Erzähler?

A: Nicht genau ein Erzähler, aber er rezitierte. Er hat eine Schallplatte. Er war also bei uns in Bergen-Belsen, und ich wußte nicht, dass er nicht sehen konnte. Ich fragte ihn: "Haben Sie dieses Film gesehen? Haben Sie ihn gesehen?" Und plötzlich sah ich, als wir ihm einen Teller gaben, da suchte er das Essen auf dem Teller. Ich war so in Verlegenheit!

Mein Schwager [Rabbi Israel Mosche Olewski] war ein Rabbi, der Rabbi von Celle.[135] Er war früher mit Yossel Rosensaft im gleichen Block. Und mein Mann war mit Felix Bleich zusammen, denke ich.

F: In Auschwitz?

A: In Bergen-Belsen. Es ist eine interessante Geschichte. Wenn Sie das Buch meines Mannes[136] lesen, dann wissen sie, wie er seinen Bruder fand. Wissen Sie, [in Bergen-Belsen] waren sie zwei Blocks

---

[135] Fotos S. 122.

[136] Vgl. hier S. 104 ff. u. S. 86.

voneinander entfernt, gar nicht weit. Die ganze Zeit waren sie zusammen in Bergen-Belsen, und keiner wußte vom anderen. Einmal [gleich nach der Befreiung] kam der Rabbi, um nach Tefillin[137] zu schauen, und er hörte jemanden reden. Da fragte er ihn: "Sie sprechen den gleichen Dialekt wie der in meiner Region; vielleicht haben Sie Rafael Olewski gesehen?" Der Mann antwortete: "Was meinen Sie, ob ich Rafael Olewski sah? Er lebt und ist im nächsten Block." Danach fielen sich die beiden Brüder in die Arme und wurden ohnmächtig. Jemand hat sie mit Wasser übergossen. Sie waren ganze nahe beieinander und wußten einfach nichts voneinander![138]

Wohin soll ich gehen?

Ein Komitee kam nach Bergen-Belsen, um uns nach Polen zurückzuschicken, so dass jede/r dorthin zurückkehren würde, woher er/sie ursprünglich kam. Und wir rannten von Platz zu Platz und riefen: "Wir wollen nach Israel! Wir werden nicht nach Polen zurückgehen! Das ist nicht unser Land! Wir werden nicht dorthin gehen!" Und wohin sie [das Komitee] gingen, von einem Lager zum anderen, wir waren zusammen als Gruppe (mit Hilde und anderen). Wir gingen hinter ihnen her und riefen: "Wir wollen nicht! Wir wollen nicht nach Polen zurück!" Und Hilde sagte: "Wir wollen nicht in Deutschland bleiben!"

F: Gab es auch Menschen, die in die USA gingen?

A: Das war später. Es gab solche, die dort Familie hatten, und sie sind sofort gegangen. Anita aus unserer Gruppe ging sofort.

F: Wohin?

A: Anita sprach Französisch, aber auch Englisch und Deutsch. Als sie von der BBC kamen, war sie im Rundfunk. Sie erzählte ihre

---

137 Gebetsriemen; https://de.wikipedia.org/wiki/Tefillin (ERW)

138 Dazu: Rafael Olewski, Tor der Tränen. Konstanz 2014, S. 334/335. (ERW)

Geschichte im Radio, wie wir befreit wurden. Ich erinnere mich, dass wir neben ihr standen und sangen. Ich vermute, ihr Onkel hat das herausgefunden, und sie ging sofort zu ihm. Sie ging mit ihrer Schwester *[Renate]*. Sie ist bis zum heutigen Tag [1984] dort. Sie lebt jetzt in London.

F: War sie aus Belgien?

A: Nein, sie nicht. Anita war aus Breslau. Elaine, Hélène [war aus Belgien]. Es gab so viele Namen, französische Namen. Es gab eine Rothaarige, die noch lebt [1984]. Ich habe ein Bild von zwei Frauen, die nicht mehr leben. Ich erhielt es von Anita. Die eine war Elaine, und sie war Geigerin. Sie war klein, ein bißchen dick. Ich erinnere mich, was sie immer sagte – immerhin redeten wir im Orchester viel miteinander, wir saßen und diskutierten: "Warum Eretz Israel? Und warum müssen wir dorthin?" – Und sie traute sich zu sagen: "Hört, ich verstehe nicht, warum ich nicht in Frankreich leben sollte? Frankreich ist mein Heimatland. Ich wurde dort geboren, ich habe dort studiert, und ich hatte dort ein gutes Leben. Warum sollte ich Frankreich verlassen? Es ist meine Heimat. Ich denke nicht, dass ich es verraten sollte. Niemals."

Fania Fénelon schreibt wahrgeitsgemäß in ihrem Buch – sie nennt mich dort "die Zionistin" – dass ich immer sagte: "Das ist es, was meine Eltern mir hinterließen – ich muß dorthin gehen. Ich weiß, dass ich nach Eretz Israel gehen muß."

F: Fühlten Sie nicht, dass wo immer Sie sein werden, in welchem Land auch immer Sie sein werden, eine Jüdin bleiben und nicht Französin oder Polin? Als Folge des Krieges, meine ich...

A: Darüber sprachen wir im Lager. Wir versuchten, Fania Fénelon und alle diese Freundinnen zu beeinflussen. Sehen Sie, sie bestand immer darauf, dass sie nur Halbjüdin ist, sie hatte ein gutes Leben in Frankreich, sie hat alles von Frankreich bekommen, und sie lebte in Frankreich, und sie hatte keinen Grund, Frankreich zu verlassen. Und die andere sagte: "Ich gehe nach Belgien zurück." Alle dachten, dass sie in ihr Heimatland zurückkehren, in das Land, woher sie kamen, um ihre Familie zu suchen. Wir [polnische Juden] wußten, dass wir dort nichts zu suchen haben, und wir haben entschieden, nach Israel zu gehen. Und außerdem wußte ich, dass ich Familie [Ilan-Baum] in Israel habe. Ich erhielt Briefe aus den Vereinigten Staaten, da mein Mann einen Onkel in den Vereinigten Staaten hatte, der darauf be-stand, dass wir zu ihm kommen. Und ich sagte: "Niemals! Ich will nicht in der Diaspora bleiben! Ich habe genug von Nichtjuden."

Es ist interessant zu bemerken, dass wenn ich ins Ausland fahre, ich nur in jüdischen Restaurants esse und in einem jüdischen Hotel übernachte. Ich liebe Juden. Ich habe kein Vertrauen zu Nichtjuden. Es geschah 1957, als wir in Paris waren. Wir betraten ein Hotel, und [nach einiger Zeit] sagte der Eigentümer: "Hitler war gut! Nasser[139] ist gut!" Wir nahmen unsere Koffer, und mein Mann sagte: "Wie viel Geld schulde ich Ihnen? Für einen Tag? (Wir waren nur einige Stunden, vielleicht zwei Stunden dort.). Hier haben Sie Ihr Geld. Wir verlassen das Hotel!"

F: Und wie fühlen Sie sich, wenn Sie Deutschland besuchen?

A: Angst. Ich habe kein Vertrauen zu ihnen wegen der schrecklichen Ereignisse, die auch noch nach der Befreiung geschahen. Sie töteten Men-schen. Ein [jüdischer] Mann fuhr mit einem Taxi nach Celle und sie... Einige Menschen wurden auf diese Weise umgebracht. Sie fanden solche großen Messer bei den Mördern. Die Polizei hat zwei von ihnen gefaßt. Sie sagten [dem Opfer]: "Es gibt nur noch einen

---

[139] "Gamal Abdel Nasser (* 15. Januar 1918 in Alexandria; † 28. September 1970 in Kairo) war ein ägyptischer Offizier und Staatsmann. Von 1952 bis 1954 war er Ministerpräsident Ägyptens, von 1954 bis 1970 Staatspräsident sowie in der Periode der Vereinigung Ägyptens mit Syrien Präsident der Vereinigten Arabischen Republik *[1958–1961, ERW]*." https://de.wikipedia.org/wiki/Gamal_ Abdel_Nasser; https://de.wikipedia.org/wiki/Vereinigte_Arabische_Republik (ERW)

Platz im Auto."[140] Und sie warteten am Straßenrand, und so hat man sie gefaßt. Ich weiß, dass mein Sohn....

F: Und Polen? Haben Sie Polen besucht?

A: Nein.

Mein Sohn war vor ein oder zwei Jahren in Bergen-Belsen. Er dachte, dass nachdem das Buch[141] seines Vaters erschienen war, würde er *(dort)* erfahren, worüber das Buch berichtet. Er kam nach Celle und fragte einige Deutsche: "Wo ist die Synagoge unter der Adresse *Im Kreise 24?*" (Wo Rabbi Olewski zu beten pflegte.). Er wollte die Synagoge sehen, wo die Juden waren.

Niemand wollte es ihm sagen oder zeigen. Sie sagten ihm, dass sie einen solchen Ort nicht kennen. Er sah, sagte er, ihren Gesichtsausdruck, und er nahm das Auto und fuhr fort von dort. Er besuchte Dachau, er war in Bergen-Belsen. Er wollte sehen, wie es aussieht.

F: Sie waren niemals zu Besuch in Polen?

A: Nein. Nicht einmal. Ich möchte es sehen, aber mir ist ein bißchen bange davor, was ich sehen könnte.

Aber in Deutschland waren wir schon in 1975, als 30 Jahre der Befreiung von Bergen-Belsen gefeiert wurden.

Wir fuhren nach Bergen-Belsen. Wir waren dort. Ich sah es. Ich würde niemals denken, dass dies das Konzentrationslager Bergen-Belsen war. Es war ein großer Park. Die Menschen machten Picknick auf den Gräberfeldern. Liebespaare saßen im Gras, auf den Erdwällen, knutschten, aßen und machten Picknick...

---

[140] Drei Mörder fuhren in einem Wagen mit vier Sitzen und sagten dem potentiellen Opfer, ein Platz sei noch frei; wenn er einstieg, war dies sein Ende. (A.O.)

[141] Es handelt sich um *Die Träne* (deutsch *Tor der Tränen*): Nachdem mein Vater verstorben war, arbeitete ich an diesem Buch seit 1981. Während der Editionsarbeiten wurde ich 1982 mit dem Militär in den Libanon beordert; gleich nach meiner Entlassung reiste ich nach Deutschland, um meine Freunde zu besuchen. Das war 1982. Das Buch wurde 1983 veröffentlicht. Rachela machte ihre Zeugenaussage (Interview) 1983. Arie Olewski.

84

Rafael Olewski

Tor der Tränen

Jüdisches Leben im Schtetl Osięciny in Polen, Leiden unter NS-Terror und in Auschwitz, Überleben im KZ Bergen-Belsen, dort im DP-Camp und in Celle 1914–1981

Herausgegeben von Erhard Roy Wiehn
Hartung-Gorre Verlag Konstanz

2014

Arie Olewski und Jochi Ritz-Olewski

Epilog

Rafael Olewski starb im November 1981 im Alter von 67 Jahren. Rachela erkrankte an Krebs Mitte 1982.

Anläßlich des 40. Jahrestags der Befreiung von Bergen-Belsen reiste sie 1985 mit uns beiden auch nach Polen. Sie besuchte das Todeslager Auschwitz-Birkenau und blieb mehr als eine Stunde allein in der Umgebung "ihres" Blocks, des Block, der das Orchesters beherbergte. Sie versuchte erfolglos, den Ort zu finden, wo sie in der Nähe des Blocks die Briefe ihres Bruders im Sand versteckte. Wir folgten ihr aus Distanz mit großer Aufmerksamkeit. Sie schien wie getrennt von uns. Sie war in ihrer eigenen Welt, auf einem "anderen Planeten".

In Bendzin, ihrem Geburtsort, fand sie ihr Haus in der Malachowskiego-Straße 10 (Fotos S. 124–126). Die polnischen Bewohner erlaubten der jüdischen Gruppe nicht, einzutreten und Rachelas Heim zu besuchen. Sie war die einzige aus der Gruppe, die das Glück hatte und ihre ehemalige Wohnung betreten durfte, die gleiche, aus der sie (1984) vor mehr als 40 Jahren vertrieben wurde. Das Zimmer ihrer Eltern erschien ihr jetzt kleiner, als sie es aus ihrer Kindheit erin-nerte.

Sie ging auch zu ihrer Schule - zum Gymnasium Fürstenberg. Es war Sonntag, weshalb das Gebäude geschlossen war. - Wo früher die Hauptsynagoge gestanden hat, war jetzt eine Schnellstraße.

Sie zeigte uns alle Orte ihrer Kindheit: das Kino, das Haus ihrer Freundin Tobka, den Süßwarenladen ihrer Großmutter (vgl. S. 112) und das Versteck, wo ihr Vater den Familienschatz vergrub - das silberne Eßgeschirr, Goldmünzen, US Dollar-Banknoten, silberne Kerzenleuchter, usw.

Am 22. des Monats Av 5747, am 17. August 1987, nur zwei Monate vor ihrem 66. Geburtstag, verstarb Rachela. Sie kämpfte lange Zeit mit Berharrlichkeit und Würde gegen den Krebs und wollte mit ihrem Leiden niemandem zur Last fallen.

Ein Brief an die Großmutter **05. März 1993**

Meine Großmutter (die Mutter meiner Mutter) starb vor fünf Jahren. Sie hatte Krebs. Oma Rachela spielte eine sehr wichtige Rolle in meinem Leben und war einer der Menschen, die ich über alles liebte. Sie hatte (und hat immer noch) einen bedeutenden Einfluß auf mein Leben und auf meine Persönlichkeit.

Als kleines Mädchen war ich die Lieblingsenkelin meines Großvaters. Gleichzeitig war meine ältere Schwester "Omas Enkelin". Ich hatte eine sehr enge Beziehung zu meinem Opa, und sein Tod – als ich 6 Jahre alt war – hat mich sehr getroffen. Als meine Oma erkannte, dass ich mich ohne meinen Großvater – den ich verehrte – sehr allein fühlte, umarmte sie mich und versuchte, seinen Platz in meinem Leben einzunehmen. Sehr bald war ich eng mit ihr verbunden, und sie wurde zu einem wesentlichen Teil meiner Kindheit. Obwohl sie in einer anderen Stadt lebte und wir einander nur einmal oder zweimal in der Woche sahen, fühlte ich mich ihr sehr nahe und hatte ein sehr spezielles Verhältnis zu ihr.

Wann immer meine Eltern am Abend ausgingen, rief ich meine Oma Rachela mitten in der Nacht an, weil ich Angst hatte, allein zu sein und nicht einschlafen konnte. Sie sprach stundenlang mit mir am Telefon, sang mir Lieder vor, um mich zu beruhigen, fand Methoden, mich zu beschäftigen, um mich zu entspannen, bis ich einschlief. Am nächsten Tag hat sie meinen Eltern gründlich ihre Meinung gesagt, weil sie mich allein gelassen hatten. Deswegen hat sich meine Mutter aufgeregt, und so blieben unsere nächtlichen Gespräche unser persönliches Geheimnis.

Ich habe meine Oma sehr bewundert, weil sie so ein gutes Herz hatte, so rücksichtsvoll, so klug war, und immer wußte, uns den besten Rat zu geben. Als ich größer wurde, begann ich, sie in einem anderen Licht zu sehen und ich verstand sie in einer reiferen Art. Sie hatte eine außerordentliche Lebensgeschichte, und trotz ihres Todes in ihren 60er Jahren, erlebte sie eine Menge in ihrem relativ kurzen Leben.

Als meine Oma noch ein junges Mädchen war, erlebte sie die Grausamkeiten und Schrecken des Zweiten Weltkriegs und den Holocaust. Sie war gezwungen, ihr Zuhause und ihre Familie zu verlassen, und wurde in Todes- und Konzentrationslager deportiert. Sie hat Glück gehabt, mit ihrer Mandoline dem Frauenorchester von Auschwitz-Birkenau anzugehören. Obwohl sie wenig Erfahrung im Spielen hatte, war dies ihre einzige Hoffnung zu überleben. Tatsächlich war sie die einzige Überlebende ihrer ganzen Familie, die im Holocaust umkam.

Als ich ein kleines Kind war, erzählte mir meine Großmutter vom Holocaust, wobei sie darauf achtete, mir alle ihre Erinnerungen mitzuteilen, damit ich diese der nächste Generation weitergeben konnte. Es ist eine Tatsache, solange ich zurückdenken kann, erinnere ich die tätowierte Nummer auf ihrem Arm. Zuerst habe ich die Bedeutung dieser Tätowierung nicht verstanden, aber in den folgenden Jahren blieb diese in gewissem Sinn immer ein Teil von ihr, eine besondere Erinnerung. Auf seltsame Weise war ich stolz, dass meine Großmutter diese Nummer an ihrem Arm trug als Zeichen, dass sie wirklich "da war". Wenn ich jetzt zurückschaue, bin ich nicht sicher, ob das eine Art Stolz war oder einfach Selbstschutz vor dem Unbekannten, das ich nicht begreifen konnte.

Als besondere Aufgabe im Gymnasium mußte ich über die Wurzeln meiner Familie schreiben und mich dabei auf eine Person konzentrieren. Ich entschied mich, über das Leben meiner Großmutter im Holocaust und ihren persönlichen Überlebenskampf zu schreiben – was mir die Möglichkeit gab, sie besser kennenzulernen und ihr eine Art Denkmal zu setzen, da sie ein Jahr vorher verstorben war.

Diese besondere Aufgabe warf für mich Licht auf viele Dinge und ließ mich diese wunderbare Frau bewundern, um so mehr, nachdem ich realisierte, was alles sie erlebt hat und wie sie die Kraft fand, aufzustehen und um ihr Leben zu kämpfen. Wenn man das liest mag man wahrscheinlich denken, daß es viele Leute gab, die diese Schrecken durchlebten, aber es ist nicht dasselbe. Meine Großmutter ist etwas Besonderes für mich, und ich bezweifle, dass es viele gibt, die das Glück hatten, eine so wunderbare und einmalige Frau in ihrer Familie zu haben.

Oma Rachela war eine außerordentlich kluge Person. Sie erlangte ihre Weisheit und Genialität durch ihr Leben. Sie wußte immer, was gesagt werden soll und was nicht; was jemand als Geschenk erhalten soll und welches Geschenk das beste für jemand war; usw. Wie seltsam es auch erscheint, ich erinnere mich, dass meine Mutter sich immer mit Oma beriet, welche Geschenke sie für uns – ihre eigenen Kinder – zu unserem Geburtstag besorgen soll. Und natürlich wußte Oma immer ganz genau, was für uns ein perfektes Geschenk war, das wir uns wünschten und das uns glücklich machen würde.

Ich bin eine Art Person, die sagt, was sie denkt und gewöhnlich das letzte Wort hat, deswegen sagte mir meine Oma immer während Familiendiskussionen – zum Beispiel zwischen mir und meinem Vater –, dass es manchmal besser ist, ruhig zu bleiben und nicht zu antworten, wenn uns jemand etwas vorwirft. Obwohl ich ihren Rat nicht immer befolgte, wußte ich, dass sie vollkommen recht hatte.

Sie war so höflich, freundlich und großzügig und sorgte immer für das Wohlergehen aller, mehr als für sich selbst. Sie würde alles aufopfern und alles in ihrer Macht stehende tun, dass alle sich wohl fühlen und glücklich sind. Wenn sie bemerkte, dass einige wichtige Themen auf der Tagesordnung stehen, würde sie diese auf sich nehmen, auch wenn sie sich nicht dementsprechend fühlte.

Großmutter Rachela war eine Art Inspiration für uns alle – sogar für meinen Vater, ihren Schwiegersohn, für den es nicht leicht war, mit seiner eigenen Mutter auszukommen. Obwohl er das nie zeigte und meist kritisch war, hatte er eine enge Beziehung zu ihr, bewunderte sie und wußte, wie klug und genial sie war. Er mag das zu ihrer Lebenszeit nicht gezeigt haben, aber er war tief betroffen von ihrem Tod.

Sie war mit den kleinen Geheimnissen des Lebens bestens vertraut, mit den einfachen Dingen, die den Leuten normalerweise nicht bewußt sind, die aber jemanden glücklich machen können, weil sie genau den Unterschied ausmachen.

Wenn jemand mich fragte, was das Traurigste war, das mir jemals passierte – das erste, was mir sofort immer einfällt ist, dass ich meine Großmutter so früh verloren habe, in ihrer wichtigsten Zeit und bevor ich die Möglichkeit hatte, ihr zu sagen, wie sehr ich sie liebe.

Am Tag, bevor sie ins Krankenhaus mußte – es war Samstag -, mußte ich mit meiner Mutter und mit einigen Freundinnen zum Meer. Bevor wir von zu Hause weggingen, rief meine Mutter sie an, um zu fragen, wie es ihr geht, und sie klagte, sie fühle sich nicht gut – sie hat niemals so gesprochen, um uns nicht zur Last zu fallen. Obwohl es ihr nicht gut ging, drängte ich meine Mutter, zum Meer zu gehen, anstatt sie zu besuchen. Am nächsten Tag war sie im Krankenhaus, und ich habe sie nie wiedergesehen...

Ich habe bis heute ein Schuldgefühl, weil ich wegen meiner Selbstsucht meine Oma nicht mehr sehen konnte und meine Mutter den letzten Tag mit ihr versäumte. Und wer weiß – wären wir vielleicht gegangen, sie zu sehen, hätten wir ihr vielleicht geholfen und einige Stunden mit ihr gewonnen – mit meiner geliebten Großmutter.

Während sie in Behandlung war, hätte sie bei uns sein können, aber sie wollte nicht, dass wir sie in diesem Zustand sehen. Sie wollte, dass wir uns an sie erinnern, wie wir sie als unsere Oma unser Leben lang kannten – wie sie aussah, bevor sie erkrankte.

Im Krankenhaus wurde sie bewußtlos, bevor sie starb, es schien, als ob sie gewartet hätte, bis meine Mutter und ihr Bruder das Zimmer verlassen würden und sie frei wäre, diese Welt zu verlassen. Kurz nachdem sie ihr Zimmer verlassen hatten und sobald sie zu Hause waren, erhielten sie einen Anruf vom Krankenhaus, der ihren Tod mitteilte – eine schreckliche Tragödie für uns alle.

Großmutter, ich bezweifle, dass ich alles geschrieben habe, was ich über Dich sagen wollte, ich könnte es nicht einmal in einem ganzen Buch. Ich hoffe, dass Du mich dort oben im Himmel hören kannst, und dass Du Dir bewußt bist, wie wichtig Du für mich während Deines Lebens warst und heute noch bist. Deine Persönlichkeit war und wird immer eine Inspiration für mich sein. Du sollst wissen, wie sehr wir alle Dich lieben; auch fünf Jahre nach Deinem Tod denken wir ständig an Dich, bei jedem Schritt, bei jeder Entscheidung, in jedem Moment der Freude oder des Schmerzes; wir denken immer daran, was Du gesagt oder gemacht hättest, und es geschieht öfter, dass wir Dich beinahe zu Hause anrufen, und dann fällt uns plötzlich ein, dass dort jetzt eine andere Person wohnt.

Ich bin mir sicher, wenn mehr Leute wie Du, Großmutter, in der Welt lebten, dann wäre die Welt ein besserer Ort – viel optimistischer und rosa bemalt.

Ich hoffe, Du kannst mich hören!
Ich vermisse Dich so sehr!
Ronit[*]

[*] Ronit Ritz-Bueno ist die jüngere Tochter von Jochi und Odded Ritz (Foto S. 130).

Zuschriften an Arie Olewski und Jochi Ritz-Olewski

Arie Ben-Tov, Anwalt, Vorsitzender der Zaglembie World Organization in Israel, 1987

"Rachela war eine der wenigen Freunde meiner Gymnasialklasse, die überlebten. Wir lernten fünf Jahre lang zusammen, und wir teilten gemeinsame Erinnerungen aus unserer Kindheit.
Nach dem Krieg gründete sie eine Familie, und während all dieser Jahre begleitete sie Ihren verstorbenen Vater, der sein Leben der Erinnerung des Holocaust und der Fürsorge für die Überlebend widmete.
Ich las sein Buch *Die Träne*, das Ihre liebe Mutter mir gab, nachdem er verstorben war.
Ich teilte ihre Gefühle der heiligen Pflicht, nicht nur ihres Ehemannes und Ihres verstorbenen Vaters zu gedenken, sondern auch der ganzen Generation, die im Holocaust umgekommen ist.
Ich bin sicher, dass Sie die Bürde der Verantwortung verstehen, die auf Ihnen liegt und dass Sie die Tradition der Aktivität ihrer Eltern nach dem Krieg würdig weiterführen."

*

Rivka (Foto S. 115) and Aharon Bacia

02.03.1987

Inzwischen verging ein Monat seit dem Tod Eurer Mutter, und Ihr werdet zu ihrem Grab gehen.
Wir haben die Nachricht von ihrem Tod in tiefer Trauer erhalten. Nach dem Tod Eueres Vaters ist sie friedlich gegangen.
Ich gehe jetzt zurück zu meinen jungen Tagen. Ich habe sie gleich nach der Befreiung aus dem Inferno getroffen. In Celle waren wir beide (verliebte) Paare zusammen. Wir liebten und lebten zusammen im gleichen Zimmer in den Baracken der deutschen Wehrmacht in Celle. So haben wir unser neues Leben begonnen.
Wir nahmen auch an der Verlobung teil, die von Eurem Onkel, dem Celler Rabbi sel. A., vorbereitet wurde.

Wir haben uns an ihren Feierlichkeiten erfreut. Sie waren Onkel und Tante meiner Töchter. Wir haben die ersten Spielzeuge von ihnen bekommen. Der einzige Pessach-Sederabend, an dem wir außerhalb des Kibbutz teilgenommen haben, war in ihrem Hause. Sie haben uns unsere Brüder und Schwestern ersetzt.
Es ist schwer, sich an den Gedanken zu gewöhnen, dass sie nicht länger mit uns sind. So ist leider das Leben, und das ist das Ende.
Fromme Menschen würden sagen: "Sie starb, wie eine Heilige", ohne lange Schmerzen, die ansonsten bei solchen Krankheiten leider sehr üblich sind.
Meine jungen Freunde, Ihr hattet wunderbare Eltern, liebe, warmherzige Menschen und gute Freunde.
Es soll Euer Trost sein, dass sie Euch und Eure Kinder großgezogen haben; sie hatten Enkelkinder und führten ein erfülltes Leben, was viele ihrer Freunde nicht gegeben war.
Sie lebten in der Generation der Vernichtung und wurden zu ihren Überresten. Ich kann nur hoffen, dass sie die letzte Generation der leidenden jüdischen Menschen waren.
Ihr, Eure Kinder und Enkelkinder werdet alle als freie und stolze Juden leben.
Erinnert Euch mit viel Liebe an Eure Eltern und an ihre Vergangenheit, sie waren starke und stolze Menschen, die vom Satan nicht besiegt werden konnten, und ihre Enkelkinder werden über ihren Opa und ihre Oma erzählen, die sie so sehr liebten. Wir übermitteln Euch unser aufrichtiges Beileid und unser tiefes Mitgefühl. Wir beten dafür, dass Ihr nie wieder im Leben einen solchen Schmerz spüren müßt.
Mit Freundschaft und Liebe,
Eure Rivka and Aharon Bacia

Rivka Regina [Kupferberg] und Aharon Bacia waren auch aus Bendzin. Rivka war zusammen mit Rachela im Frauenorchester in Auschwitz-Birkenau.

*

Professor Yehoshua Prawer, Israel Academy of Sciences and Humanities, 1989

"Mit großem Interesse las ich die Zeugenaussage Ihrer verstorbenen Mutter, und es ist unnötig zu sagen, dass ich sie mit gemischten Gefühlen las. Ihre Mutter hatte ein exzellentes Gedächtnis."

*

Helena Dunicz-Niwińska, Krakau, Polen, 2009 [Geigerin im Frauen-/Mädchenorchester][142]

"Das Foto von Rachela ist sehr hübsch. Ich erinnere mich sehr gut an sie als ein sehr schüchternes Mädchen.
Ich erinnere mich auch, dass Rachela Zofia [Cykowiak] im Lager vom Tod ihres Bruders beim Aufstand des Sonderkommandos berichtete und wie traurig sie deswegen war! Aber er starb als Held.
Mein Treffen mit Rachela im Foyer des Hotels Cracowia 1985 war eine totale Überraschung für mich. Aber wir konnten nicht viel sprechen, da der Mann von der polnischen Staatssicherheit an unseren Tisch kommen wollte..."

*

Präsident des Staates Israel

24.09.2009

Schalom Jochi und Arie,
danke für das Buch *Crying is forbidden here!,* das Sie mir geschickt haben. Die Lebensgeschichte Ihrer Mutter paßt genau in die schreckliche Zeit unserer Geschichte, und daraus folgend ist es wichtig für Ihre Familie und für zukünftige Generationen, darüber zu schreiben.
Mit einem Glückssegen, viel Freude mit Ihrer Familie und viel Gesundheit.

Schimon Peres

*

[142] https://de.wikipedia.org/wiki/Mädchenorchester_von_Auschwitz;

Präsident des Knesset Reuven (Ruvi) Rivlin

Vielen Dank für die Sendung des Buches *Crying is forbidden here!*, das die Zeugenaussage und die Geschichte von Rachel Olewski enthält, ein Mädchen in der Zeit vor dem Holocaust, im Frauenorchester in Auschwitz und während der Zeit der Befreiung von Bergen-Belsen.
Das Buch berichtet den Lesern mit authentischen Schilderungen und ergreifenden Momenten als unmittelbare Zeugenaussage über eine der dunkelsten Zeitperioden in der Geschichte der Juden und der ganzen Menschheit. Sie waren in der Lage, eine der wichtigsten Aufgaben dieser Generation - die nächste Generation der Überlebenden - zu erfüllen, die Pflicht der Dokumentation und der Erhaltung der Erinnerung.
Das Gebot "Gedenke der vorigen Zeit bis daher und betrachte, was er getan hat an den alten Vätern. Frage deinen Vater, der wird dir's verkündigen, deine Ältesten, die werden dir' sagen"[*] harmonisiert mit dem Obigen und nach dem schrecklichen Holocaust. Durch diese Zeugenaussage ist klar, dass Sie dabei Ihre beste Energie und ihr Talent investierten, um etwas Angemessenes aus den Händen zu geben.
Seien Sie gesegnet!

*

Israelische Verteidigungsstreitkräfte (IDF) – Büro des Stabschefs

10.11.2009

Lieber Arie und liebe Jochi,
ich möchte mich bei Ihnen im Namen des Stabschefs bedanken, dass Sie uns das Buch *Crying is forbidden here!* geschickt haben und für Ihr persönliches Engagement.
Die Verbindung zwischen der persönlichen Zeugenaussage Ihrer Mutter Rachela während des Holocaust und dem Weg, den sie zur Genesung und Wiedereingliederung zurücklegte, erbrachte ein wichtiges und bewegendes Buch, das den Triumph des Lebens und die

[*] Das 5 Mose 32,7 (Luther-Übersetzung).

Entschlossenheit zum Ausdruck bringt, auch das Schlimmste zu überwinden.
Ich danke Ihnen noch einmal für die Zusendung des Buches an den Stabschef, Generalleutnant Gabi Aschkenasi und für Ihre warmen Worte.
Ich wünsche Ihnen alles Gute, Gesundheit und ein langes Leben.
Sekretariat des Hohen Kommandos

*

Hilde Zimche (Foto S. 110 u. 123), Kibbutz Nétzer Seréni, Israel

"Ich habe die ganze Nacht nicht geschlafen, als ich das Buch gelesen habe." - Mitglied des Frauenorchesters in Auschwitz-Birkenau (Foto S. 112)

*

Anita Lasker-Wallfisch[143] (Foto S. 123), London

Vielen Dank, dass Sie mir Rachelas Geschichte zugeschickt haben.
Ich kann mich an sie mit viel Liebe erinnern.
Sie wäre so stolz auf Sie, wenn sie sehen würde, was Sie zusammenstellt haben.
Mit den besten Grüßen, Anita Lasker-Wallfisch
- Mitglied des Frauenorchesters in Auschwitz-Birkenau

*

Violette Jaquet-Silberstein, Paris

Liebe Kinder von Rachela,
ich habe die Zeugenaussage Eurer Mutter und Großmutter erhalten.
Ich danke Euch die ganze Zeit für Eure Tat und auch dafür, dass Ihr mir das Buch geschickt habt.
Es hat mein Herz berührt und hat mich außerordentlich bewegt.

---

[143] **Anita Lasker-Wallfisch, Ihr sollt die Wahrheit erben – Die Cellistin von Auschwitz. Erinnerungen. Mit einem Vorwort von Klaus Harpprecht. (1996) 15. Auflage, Reinbek bei Hamburg 2016.**

Zwischen Rachela und mir gab es eine sehr herzliche Freundschaft, und sie hat bei mir so viele wunderbare Erinnerungen hinterlassen.
Ich freue mich sehr, dass wir uns in Bergen-Belsen getroffen haben.
Mir geht es so gut wie möglich, meinem Alter entsprechend.
Danke nochmals, Ich küsse Euch, Violette
 – Mitglied des Frauenorchesters in Auschwitz-Birkenau

*

Uri Ritz (Sohn von Jochi und Odded Ritz)

Mama und Arie,
normalerweise beantworte ich keine E-Mails über meine Großeltern (auch wenn ich diese E-Mails immer lese), aber diesmal erlaube ich mir, diese Ausnahme zu machen und zu antworten...
Ich habe den Brief von Aharon Bacia gelesen und war voller Stolz, ja, Stolz auf Dich Mama und auf Arie!!
Ich weiss nicht, ob Großvater und Großmutter Euch da oben im Himmel sehen können, welch eine Arbeit Ihr getan habt, damit Ihr ihre Andenken bewahrt, die Erinnerung an ihre Geschichte und die Art und Weise, wie sie für die Gesellschaft über die Jahre ihren Beitrag leisteten, aber es ist nicht wirklich interessant, ob sie es nicht mehr können, weil wir das machen, und wir sind dankbar dafür (auch wenn es nicht immer so aussah).
Ich glaube nicht, dass Opa und Oma einen schöneren und würdevolleren Weg erwartet hätten, als den, den Ihr gewählt habt, um ihre Andenken bewahren zu können.
Ich denke, dass die Zeit und der Aufwand, die Ihr in diese Zeugenaussage investiert habt und Eure Aktivitäten in der Belsen-Organisation in Israel Bewunderung, Anerkennung und viel Respekt verdienen.
Ihr werdet bestimmt glücklich sein, wenn ich schreibe, dass wir es genau so bestätigen können, dass wir selber auch wunderbare Eltern haben, die gütige Menschen und warmherzige Freunde sind.
Uri

*

Dr. Susan Eischeid,[144] Professorin für Oboe, Abteilung Musik, Valdosta State University, Valdosta, GA, USA

Oh, Arie,
das Buch kam gestern an, und es ist wundervoll. Es ist eine großartige Ehrung für Eure Mutter und für Eure anderen Familienmitglieder. Ich fühle mich so glücklich, dass es als Druck erschienen ist und auch künftigen Generationen zur Verfügung steht. Die Bilder geben eine zusätzliche Dimension, und alles ist so bewegend präsentiert. Vielen Dank, dass Ihr mir eine Kopie geschickt und mir ermöglicht habt, diese kleine Reise in die Erinnerung mit Euch zu teilen.
Mit den allerwärmsten Wünschen,
Susan

*

Prof. Hagit Lavsky
Institute of Contemporary Jewry, The Hebrew University, Jerusalem

Schalom Jochi und Arie,
ich habe mich schon bei Euch bedankt, aber jetzt, nachdem ich das Buch mit der Zeugenaussage Eurer verstorbenen Mutter las, möchte ich mich nochmals bedanken und Euch zu diesem Buch gratulieren, zu Eurer sorgfältigen und liebevollen Bearbeitung, die nicht nur für Eure Familie bedeutungsvoll ist.
Es ist so schade, dass Euere Mama und Papa so jung verstorben sind. Sie waren beide wunderbare Persönlichkeiten, und Ihr seid ihre Nachfolger.
Ich ermutige Euch, Hagit

*

---

[144] **Susan Eischeid, The Truth about Fania Fénelon and the Women's Orchestra of Auschwitz-Birkenau. (Springer) Berlin 2018.**

Dr. Ella Florsheim
The Hebrew University of Jerusalem & Yad Vashem, Jerusalem

Heute morgen habe ich die Zeugenaussage Eurer Mutter in der E-Mail gefunden, die Ihr mir geschickt habt.
Ich habe die Schrift inzwischen schon gelesen, sie ist faszinierend und spannend. Einige Einzelheiten, die sie über ihr Leben in Bergen-Belsen nach dem Krieg zusätzlich noch berichtet, geben weitere Teile zum Puzzle, aber es ist nicht weniger spannend, über das Orchester in Auschwitz lesen zu können und über viele andere Situationen, und dass sie letzten Endes auch schriftlich aufbewahrt wurden. Ich finde etwas in verschiedenen Zeugenaussagen immer wieder, was viele Überlebende wiederholen: sie waren Teil einer Gruppe oder blieben mit einer anderen Person zusammen, und das war es, wodurch sie gerettet wurden. Eine Person, die allein war, konnte vermutlich nicht durchhalten.
Es ist interessant hervorzuheben: der Titel des Buches Eures Vaters lautet *The Tear (Die Träne)* und der Eurer Mutter *Crying is forbidden here! (Weinen ist verboten hier!)* – das sei nur als kleine Anekdote erwähnt...
Also nochmals vielen Dank – ich war sehr tief bewegt von der Liebe, mit der Ihr über Eure Mutter schreibt, und von der Wärme, die Ihr ihr gegenüber fühlt. – Dr. Ella Florsheim

*

Meira Berger
Verein der Einwanderer aus Zaglembie

Wir haben eine Kopie des Buches *Crying is forbidden here! (Weinen ist verboten hier!)* erhalten, und wir haben geweint. Das Buch hat uns sehr bewegt, und nachdem wir es gelesen haben, behalten wir es unter den anderen Werken, die wir bei der Organisation aufgehoben haben. – Vielen Dank. – Meira Berger

*

Charlotte Yudin-Trepman (USA)

Liebe Arie und Jochi,
heute, gerade jetzt, habe ich die Erinnerungen Eurer Mutter per E-Mail erhalten.
Welch ein wunderbares Testament Eurer Liebe und Eures Respekts ihr gegenüber, gleichzeitig auch ein Beispiel für ihre Tapferkeit und ihren Optimismus als Mensch.
Ich muß Euch sagen, als ich Euer E-Mail bekam, machte es mich gleichzeitig glücklich, aber auch deprimiert. Ihr wißt ja, wie ich Rachelka liebte und verehrte, also ich war so glücklich, dass ihre Geschichte jetzt für die ganze Welt erreichbar ist, ein Beweis dafür, dass die Schoa wirklich geschah, und dass Menschen wie sie in der Lage waren, wieder aufzustehen und auch inmitten der Gräuel ihre Würde zu behalten.
Anderseits zu sehen, wie liebevoll diese Publikation von zwei Geschwistern ihrer Mutter zuliebe vorbereitet wurde, ohne ihre eigene *"Kowed"* oder *"Jichus"*[*] zu betonen, erinnerte mich an meine eigene Lebenslage und erfüllte mich mit einem tiefen Gefühl von Verlust und Trauer....
Ich lobe Eure Bindung zueinander und was daraus geboren wurde, ich gratuliere Euch für diesen wundervollen Augenzeugenbericht.
Mit viel Liebe, Charlotte

Tochter von Babey (Bebka) & Paul Trepman, beide Bergen-Belsen-Überlebende.

*

Richard Newman

Lieber Freund,
ich schreibe Ihnen jetzt im Namen von Richard, um zu danken, dass Sie uns die Zeugenaussage Ihrer Mutter *Crying is forbidden here!* (*Weinen ist verboten hier!*) zugeschickt haben. Diese Schrift wurde

---

[*] *Ehre* oder *Herkunft.* (ERW)

künstlerisch zusammengestellt, und die Bilder sind sehr eindrucksvoll.
Ihre Lebensgeschichte ist in einem attraktiven Format aufbewahrt. Wir beide schätzen es sehr, dass Sie die Mühe auf sich genommen haben, uns die englische Übersetzung zuzusenden.
Wir werden das Buch unseren jüdischen und nichtjüdischen Freunden ausleihen, sodass sie es auch schätzen werden.
Mit den besten Grüßen, Richard Newman (und Jean)

Richard Newman ist mit Karen Kirtley Autor des Buches **Alma Rosé – Wien 1906 – Auschwitz 1944. Berlin 2005.**

*

Karen Kirtley

Lieber Arie,
herzlichen Glückwunsch! Du und Deine Schwester habt ein rührendes, wunderbares Buch und ein denkwürdiges Dokument über Eure Mutter publiziert. Ihr Bild auf der Titelseite ist ergreifend schön. Das Buch ehrt auch ihre verlorene Familie und die innige Gruppe der jüdischen Musikerinnen im Frauenorchester von Birkenau. Vielen Dank für Dein großzügiges Geschenk, für das Buch. Ich habe es von der ersten bis zur letzten Seite mit großem Interesse gelesen. Im Laufe der Jahre war ich in Almas Geschichte so vertieft, dass ich das Gefühl habe, alle Musikerinnen des Orchesters persönlich gekannt zu haben, und mein Herz ist mit ihnen. Ich bedauere sehr, dass Richard Newman die Zeugenaussage Eurer Mutter in Yad Vashem nicht gefunden hatte, deswegen konnten wir sie in den Text von *Alma Rose – Wien 1906 – Auschwitz 1944 (2000/2005)* nicht integrieren. Richard machte den Löwenanteil der Forschung über 22 Jahre lang und konnte sich mit 18 Überlebenden des Orchesters in Verbindung zu setzen, bevor sie starben oder geistig nicht mehr im Vollbesitz ihrer Kräfte waren.
Ich kam Ende der 1990er Jahre als Ko-Autorin für die letzten drei Jahren zu diesem Buchprojekt hinzu, um das Manuskript druckreif zu machen, und meine Forschungen bezogen sich nur auf Sekundärquellen.

In *Crying is forbidden here!* (*Weinen ist verboten hier!*) (ein ausgezeichneter Titel) liebe ich die Geschichte, wie Alma Rachela geholfen hatte, die Prüfung als Musikerin zu bestehen, obwohl sie *(Rachela)* schon aus der Übung gekommen war, und sie *(Alma)* deswegen Julie Stroumsa darum bat, "für sie *(Rachela)* zu spielen". Die herrische Alma hat tatsächlich Leben gerettet, obwohl sie ihr eigenes Leben im Lager verlor. Ich habe vorher nie Geschichten über Almas Eifersucht auf professionelle Musiker gehört, die das Lager besuchten, obwohl es vollkommen zu ihrer Persönlichkeit paßt.
Die Zeilen über die überdimensionale Tätowierung Eurer Mutter auf dem Arm, unterstützt mit einem Foto, ist beeindruckend. Ich war erschrocken, als sie die Geschehnisse beschrieb, was die Mädchen des Orchesters erlebten, als sie am Tor musizieren mußten. Ihre Aussage über die Erfahrungen der Orchester-Mädchen in Bergen-Belsen, wie sie einander halfen und das Überleben der Gruppe "organisierten" (z.B. wie sie zusammen Kaffee sparten, damit sie ihre Haare waschen konnten) – das wäre zusätzliches Material für ein nächstes Buch. Die Bilder und die Dokumente, die Ihr für das Buch ausgewählt habt, geben der Dokumentation weiteres Gewicht. Ich freue mich, dass es sowohl auf Englisch als auch auf Hebräisch verfügbar ist. Ihr habt einen wichtigen und sehr persönlichen Beitrag zur Holocaust-Literatur geleistet. Dazu möchte ich Euch nochmals herzlich gratulieren. – Alles Gute, Karen

Karen Kirtley ist Mitautorin von Alma Rosé – Wien 1906 – Auschwitz 1944. Berlin 2005.

Erhard Roy Wiehn

Rafael Olewski s.A. zum 100. Geburtstag 2014[145]

Unter den verschiedenen Publikationen unserer Edition Schoáh & Judaica zum jüdischen Leben und Leiden in Polen (S. 142 f.) hat es Rafael Olewskis *Tor der Tränen* in besonderer Weise in sich. Dieses Buch besteht aus den fünf Kapiteln: 1) Das Tor zu Osięciny (dort S. 41 ff., knapp 100 Seiten), 2) Das Tor zu Personen (S.128 ff., ca. 50 S.); 3) Das Tor zum Schrecken (S. 179 ff., ca. 120 S.); 4) Das Tor zu Bergen-Belsen (S. 298 ff., ca. 30 S.), 5) Mein Bruder, der Celler Rabbiner Israel Mosche Olewski (S. 327 ff., ca. 55 S.).

Die beiden ersten Kapitel über das damals westpolnische Osięciny und seine jüdischen Bewohner gehören thematisch zusammen und stellen mit knapp 150 Seiten den umfangreichsten Teil der Erinnerungen dar, eine ebenso kenntnisreiche wie liebevolle Beschreibung des jüdisch-orthodoxen Lebens in einem Schtetl Polens vor dem Zweiten Weltkrieg. Als zweitumfangreichstes handelt das dritte Kapitel von den fast unvorstellbaren Leiden der jüdischen Bevölkerung, der Familie des Autors und des Autors selbst, und zwar von den Anfängen des deutschen Terrorregimes bis zu seinem späten Ende in Bergen-Belsen. Im vierten Kapitel geht es nicht nur um die tödliche letzte Zeit im KZ Bergen-Belsen, sondern vor allem auch um das neue jüdische Leben der Überlebenden - einschließlich der Tragödie des Flüchtlingsschiffes "Exodus", das von der damaligen palästinensischen Mandatsmacht Großbritannien mit brutaler Gewalt von Eretz Israel/Palästina nach Hamburg zurückgezwungen wurde.

Das fünfte Kapitel weicht von den anderen ab und ist eine starke brüderliche Laudatio des Autors auf und eine Art Denkmal für seinen zwei Jahre jüngeren Bruder Israel Mosche Olewski s.A. (1916–1966), Sohn eines orthodoxen Rabbiners, der nach seiner intensiven Ausbildung als junger Mann gerade begonnen hatte, in den Fußstap-

---

[145] In: Rafael Olewski, Tor der Tränen – Jüdisches Leben im Schtetl Osięciny in Polen, Leiden unter NS-Terror und in Auschwitz, Überleben im KZ Bergen-Belsen, dort im Camp und in Celle 1914–1981. Konstanz 2014, S. 382 ff.

fen seines Vaters als Rabbi zu wirken, sodann in die unsägliche Mühle der Schoáh geriet, überlebte, um dann wieder als chassidischer Rebbe zu wirken, und zwar zunächst im niedersächsischen Celle, dann in Brooklyn (New York), der im Alter von nur 50 Jahren verstarb, in Israel bestattet wurde und bis heute bei seinen Chassiden unvergessen geblieben ist.

Auch der ältere Bruder und Autor der vorliegenden Schrift, Rafael Olewski s.A. (1914–1981), besuchte in seiner Kindheit und Jugend religiöse Schulen, war Lehrer und Journalist, sogar Kavallerist und Scharfschütze eines Elite-Reiterregiments der polnischen Armee, war jahrelang Häftling in deutschen Arbeits- und Konzentrationslagern, "kein streng praktizierender religiöser Jude, aber traditionell-religiös eingestellt", "ein begeisterter Zionist und ein stolzer Jude", nach der Befreiung in Bergen-Belsen und Celle in vielen Bereichen und Funktionen für jüdische Überlebende führend tätig, um 1949 mit seiner Frau Rachela und der im DP-Camp Bergen-Belsen geborenen Tochter Jochevet (Jochi) nach Israel einzuwandern, wo 1950 Sohn Arie geboren wurde. Rafael Olewski s.A. setzte seine israelisch-jüdischen Aktivitäten fort, und zwar als langjähriger legendärer Vorsitzender der Irgun Sche'erit HaPletah Bergen-Belsen in Israel (Vereinigung des Restes der Geretteten von Bergen-Belsen in Israel).

Tor der Tränen wurde in den 1970er Jahren auf Jiddisch geschrieben und teils von einem professionellen Übersetzer, teils von Arie Olewski ins Hebräische übersetzt; einige Abschnitte waren bereits kurz nach dem Zweiten Weltkrieg in jiddischsprachigen DP-Zeitungen in Celle erschienen. Das Buch wurde erst nach dem Tod des Autors (*1981*) im Jahre 1983 in Israel veröffentlicht und später von Antje Naujoks aus dem Hebräischen ins Deutsche übersetzt. *Tor der Tränen* sollte wie die Originalausgabe von 1983 den Titel *Die Träne* erhalten; bei einem kommunikativen jüdischen Arbeitsessen in Tel Aviv am 6. Februar 2014 konnte ich Arie Olewski jedoch von *Tor der Tränen* überzeugen, denn dieser Titel entspricht den Argumenten der Geschwister Olewski genau. Auf Wunsch von Arie Olewski und Jochi Ritz-Olewski wurde die Titelseite der hebräischen Ausgabe alsdann in den Textteil eingestellt. Aus der religiösen Tradition der Familie Olewski sind nicht nur die häufigen Segenssprüche, sondern auch die wiederholten Racheformeln sowie manche anderen, aus dem Jiddischen stammende Eigenheiten des Textes zu verstehen, die diesem jedoch eine spezifische Authentizität verleihen.

Posthum sehr herzlich zu danken ist natürlich vor allem dem Autor, Rafael Olewski s.A., ohne dessen Aufzeichnungen der ganze historisch wertvolle Inhalt seiner Erinnerungen hinsichtlich seines Schtetls, seiner Familie, seiner Person und vieler anderer sowie der Schoáh und der ersten Nachkriegszeit in Bergen-Belsen und Celle wohl weitgehend vergessen wäre. Dieses Buch ist eine bedeutende Bereicherung der Polen-Literatur unserer Edition und eine wichtige Ergänzung unserer Bergen-Belsen-Publikationen. Zu danken ist auch den beiden Nachkommen des Autors, Jochi Ritz-Olewski und Arie Olewski, daß sie uns das Vermächtnis ihres Vaters anvertraut haben, Arie überdies für seine engagierte Kooperation während der Editionsarbeiten, dem Landesverband der Jüdischen Gemeinden von Niedersachsen und der Gesellschaft für christlich-jüdische Zusammenarbeit e.V. Celle für die noble Übernahme der Herstellungskosten, ihrem 1. Vorsitzenden Michael Stier für seine geduldige Mitwirkung und nicht zuletzt dem Hartung-Gorre Verlag für sein permanentes Engagement in diesem Buchprojekt.

Arie Olewski erwähnt, daß er zusammen mit seiner Mutter Rachela Olewski s.A. und seiner Schwester Jochi im April 1985 anläßlich des 40. Jahrestags der Befreiung des KZs Bergen-Belsen von Israel nach Deutschland gereist war (S. 29). Die merkwürdige Koinzidenz besteht nun darin, daß auch ich zusammen mit einer kleinen Delegation der Jüdischen Gemeinde Konstanz am 21. April 1985 an dieser Gedenkfeier teilgenommen habe, auf der nicht nur Bundeskanzler Dr. Helmut Kohl sprach, sondern (neben anderen) auch der damalige hochgeschätzte Landesrabbiner von Baden, Prof. Dr. h.c. Nathan Peter Levinson, eine bemerkenswerte Ansprache hielt. Wir sind uns also unbekannterweise – weil un*er*kannterweise – schon einmal begegnet, vielleicht sind die vorliegenden Lebenserinnerungen gerade deshalb bei *mir* angekommen, und meine erste Begegnung mit Arie Olewski Anfang Februar 2014 in Tel Aviv verlief fast so, als ob wir uns schon lange gekannt hätten. Überdies hatte sich auch noch herausgestellt, daß ich mit einer Person, die in der Biographie *Crying is forbitten here*[146] von Arie und Jochi Olewskis Mutter Rachela Olewski vorkommt, persönlich bekannt bin, nämlich Hilde Grünbaum Zimche im Kibbuz Nétzer Seréni,[147] und daß eine weitere Auschwitz-Birkenau-Orchesterbekannte Rachelas in einer unserer früheren Publikationen sogar auf zwei Fotos zu sehen ist, nämlich Julie Stroumsa aus Thessaloniki:[148] Unglaublich, aber wahr.

Jedenfalls freuen wir uns natürlich sehr, daß *Tor der Tränen* als literarisierte Dokumentation aus erster Hand zum 100. Geburtstag Rafael Olewskis s.A. im Jahr 2014 erscheinen kann. Möge sich gerade damit einmal mehr das Motto unserer Edition erfüllen: Was aufgeschrieben, veröffentlicht und in etlichen Bibliotheken der Welt aufgehoben ist, wird hoffentlich nicht so schnell vergessen, damit vielleicht daraus gelernt werden kann.

19. März 2014 - genau 100 Jahre nach Rafael Olewskis Geburt

*

Im falschen Film?– Ein unvermeidliche Anmerkung[149]

"Brooklyn oder Ein Jude geht nach Amerika - Eine literarisch-musikalische Reise mit Oskar Ansull und Trio Oyftref" am 11. Oktober 2014 in der Synagoge von Celle.

---

[146] Eine Schrift, die unbedingt in Deutsch veröffentlicht zu werden verdient. – Was knapp vier Jahre später hiermit gelungen ist! (12.09.2018, ERW)

[147] Erhard Roy Wiehn (Hg.), Wer hätte das geglaubt? – Erinnerungen im Kibbuz Buchenwald – Netzer Sereni an Hachschará und Konzentrationslager 1939–1945–1985. Konstanz 2010, S. 8, 11, 12.

[148] Jacques Stroumsa, Geiger in Auschwitz – Ein jüdisches Überlebensschicksal aus Saloniki. Konstanz 1993, S. 83/84 sowie S. 24, 39 u. 54 f.

[149] Im Rahmen meiner Laudatio auf Rafael Olewskis *Tor der Tränen* am Sonntag, 12. Oktober 2014, in der Synagoge von Celle als Exkurs zur vorstehenden Laudatio vorgetragen und auf Wunsch von Pfarrer Michael Stier (Celle) verschriftlicht nachgereicht am 14. Oktober 2014; zuerst in: Erhard Roy Wiehn, Spätlese – Tagebucharchiv aus geschenkter Zeit 2014–2017. Konstanz 2017, S. 11–14; siehe hier S. 104 f.

Was die Veranstalter und das Publikum der "literarisch-musikalischen Reise" in der Synagoge von Celle empfunden und gedacht haben mögen, entzieht sich meiner Kenntnis, jedenfalls gab es schon zur Pause und dann am Ende anhaltend heftigen Beifall.

Die jiddische Musik war zweifellos gekonnt, bei den Texten hatte ich jedoch alsbald den fatalen Eindruck, in den ganz falschen Film geraten zu sein; denn diese Texte über die Juden in Polen bzw. Rußland Ende des 19. und Anfang des 20. Jahrhunderts strotzten nur so von alten antijüdischen Klischees. Das konnte doch wohl nicht wahr sein: Juden als Drückeberger vor dem Militär, die sich lieber selbst verstümmeln als eine Waffe in die Hand zu nehmen (Ludendorffs Judenzählung!!). Juden, die Beamte bestechen, um an Ausreisepapiere zu kommen, um nach Amerika ausreisen zu können. Juden, die an nichts interessiert sind als an ihrem eigenen Fortkommen und Erfolg. Juden, die immer wieder als "Ostjuden" apostrophiert und stigmatisiert werden. Juden als Juden eben.

Keinerlei Kommentar zu Lebenslage der Juden im Osten damals, keinerlei Erklärung zum zeitlichen Kontext dieser Texte von Joseph Roth (1894–1939),[150] und auch nicht zu den Texten von Hermann Grab (1903–1949) über Juden in Amerika, die als ähnlich klischeebehaftete Karikaturen in Szene gesetzt wurden wie die Juden in Osteuropa: Nicht einmal auf die Verwandtschaft war Verlaß, der "American Way of Life" erscheint als negative Folge und Fortsetzung des angeblich schon völlig degenerierten "Jewish Way of Life" der "Ostjuden" im alten Osteuropa. Zwischenfazit: Auch Texte jüdischer Autoren sind manchmal mit Vorsicht und nicht ohne Kommentar zu genießen!

Ich habe in meiner mündlichen Kritik darauf hingewiesen, wie schon wenige Jahre nach der Publikation des ersten vorgetragenen Textes die polnischen Juden am 19. April 1943 mit dem Mut der

---

[150] Joseph Roth, Juden auf Wanderschaft. München (dtv) 2010; schon Joseph Roths Vorwort hätte Mißverständnisse bezüglich des vorgetragenen Textes entsprechend gar nicht aufkommen lassen (S. 5 f.), was erst recht für das Nachwort von 1937 und die "Vorrede zur neuen Auflage" von 1937 gilt (S. 107 f. u. 109 ff.).

Verzweiflung den Aufstand im Warschauer Ghetto gegen die absolute deutsche Übermacht begannen und in völlig aussichtsloser Lage ca. vier Wochen durchhielten (dazu Leon Uris, *Mila 18*! – Ein jüdischer Reiteroffizier als einer der Protagonisten!). Es war bis dahin der einzige Aufstand in Europa gegen die deutschen Besatzer überhaupt. Ich habe auf die jüdischen Partisanen in Osteuropa und in Frankreich hingewiesen, auf die Jewish Brigade in der britischen Armee, die später in der "Bricha" auch in Bergen-Belsen Überlebende nach Israel retteten. Zu erinnern ist an die vielen jüdischen Freiwilligen in der US Army und in der britischen Army (dazu Leon Uris, *Exodus*!). Sogar in der Roten Arme gab es viele gefallene jüdische Offiziere (dazu hier Literatur aus unserer Edition Schoah & Judaica, S. 134 f.).

Meinen Protest habe ich als Exkurs in meine Laudatio auf Rafael Olewski eingefügt, als ich in dessen Biographie darauf hinwies, daß sogar er, der aus einer orthodoxen Rabbinerfamilie stammte, in einem polnischen Elite-Reiterregiment als Scharfschütze diente: Wenn diese "literatisch-musikalische Reise" als Einstimmung in die am anderen Tag folgende Buchvorstellung gedacht gewesen sein sollte und vielleicht auch als eine Art Begrüßungsgabe für Rafael Olewskis Kinder Jochi und Arie aus Israel, dann jedenfalls war diese Reise ziemlich geschmacklos und völlig deplaziert.

Die Organisatoren dieser Vorstellung können eigentlich nicht genau gewußt haben, wen sie da engagiert hatten. Und was das Publikum betrifft, so wird hier niemand in seinem kritischen Mitdenken unterschätzt, und dennoch kann der fatale Eindruck entstehen: Wenn derartige Klischees sogar in einer Synagoge verbreitet werden, "dann wird man das auch sagen dürfen und können!" Es bleibt immer etwas hängen, diese alte Einsicht ist im Hinblick auf antijüdische Klischees besonders zu beachten.

Und nicht zuletzt: Juden haben ein gewisses Gespür dafür, wo Rote Linien tangiert werden. Das kann man jüdische Empfindlichkeit oder gar Überempfindlichkeit nennen. Aber Juden sind und bleiben eben "gebrannte Kinder". – Ist das so schwer zu verstehen?

Erhard Roy Wiehn

"Ihr seid frei!"[151] – Nachwort zu Rachela Zelmanowicz Olewski

Rachela Zelmanowicz Olewski lernte ich indirekt schon kennen, als ich ab Anfang Dezember 2013 für einige Monate intensiv mit den Editionsarbeiten der Lebens- und Überlebensgeschichte ihres Mannes Rafael Olewski beschäftigt war: *Tor der Tränen – Jüdisches Leben im Schtetl Osięciny, Leben unter NS-Terror und in Auschwitz, Überleben im KZ Bergen-Belsen, dort im DP-Camp und in Celle 1914–1981* (447 Seiten, Fotos und Dokumente) erschien Mitte Juni 2014 im Hartung-Gorre Verlag, Konstanz. Die Buchvorstellung fand in Anwesenheit der Tochter und des Sohnes des Autors, Jochi Ritz-Olewski und Arie Olewski am 12. Oktober 2014 in der Synagoge von Celle statt.[152]

Rachela Zelmanowicz wurde Anfang Oktober 1921 im polnischen Będzin/Bendzin – im "Jerusalem der Zaglembie"[153] – in einer wohlsituierten traditionellen jüdischen Familie nach ihrem vier Jahre älteren Bruder Zalman Dov (Ber, Beniek – Dov "Ben Barak") geboren, besuchte in Bendzin das Jüdische Gymnasium Fürstenberg und war Mitglied der zionistischen Hanoár Hazióni Bewegung. – Nach Beginn des Zweiten Weltkriegs lebte Familie Zelmanowicz im Ghetto von Bendzin, wo die Mutter verstarb. Das Ghetto wurde im Sommer 1943 geräumt, die Familie Anfang August 1943 in das KZ Auschwitz-Birkenau deportiert. Der Vater wurde am Tag der Ankunft – seinem 53. Geburtstag – sofort durch Gas getötet; der Bruder wurde ermordet, nachdem er an der Revolte des Sonderkommandos in Birkenau teilgenommen hatte. Rachela spielte Mandoline und wurde als Amateurmusikerin Mitglied in dem von Alma Rosé geleiteten Mädchenorchester (Frauenorchester) in Birkenau. Ihr Überleben verdankte sie letzten Endes also ihrem Mandolinenspiel, Rozka Rembiszewska, die sie zum Orchester überredete, sowie dem Mädchen/Frauenorchester selbst. – Am 1. November 1944 wurde sie mit den

---

[151] Hier S. 72.

[152] Meine damalige Ansprache findet sich hier S. 102 ff., um auf diese Weise eine kleine Einstimmung in Rafael Olewskis *Tor der Tränen* zu geben.

[153] Siehe S. 18, Fußnote 27.

übrigen noch lebenden Mitgliedern des Orchesters ins KZ Bergen-Belsen bei Celle verbracht und dort am 15. April 1945 von der britischen Armee befreit.

Nach der Befreiung ging sie ins nahegelegene Celle, wo sie ihren späteren Ehemann Rafael Olewski kennenlernte, der für das Zentralkomitee der befreiten Juden in der Britischen Zone tätig war. 1949 wanderte sie mit ihrem Mann und ihrer 1947 geborenen Tochter Jochevet (Jochi) nach Israel aus. Dort wurde 1950 ihr Sohn Arie geboren. In Celle und auch später trat sie nicht mehr als Musikerin auf, spielte aber für ihre Kinder auf einer aus Bergen-Belsen mitgebrachten Mandoline. Mitte April 1985 besuchte sie mit ihren beiden Kindern aus Anlaß des 40. Jahrestages der Befreiung die KZ-Gedenkstätte Bergen-Belsen und auch das ehemalige KZ Auschwitz-Birkenau. Sie starb am 17. August 1987 in Israel.

Das Interview mit Rachela Zelmanowicz Olewski wurde seitens Yad Vashem am 25. Mai 1984 in hebräischer Sprache geführt und ist in Jerusalem archiviert. Rachelas Geschichte und Überlebensgeschichte erschien in englischer Sprache in Israel im Jahre 2009 unter dem Titel *Crying is forbidden here! – Rachela Olewski (Zelmanowicz): Testimony – A Jewish girl in pre-WWII Poland and Liberation in Bergen-Belsen*. Eine Übersetzung ins Deutsche und somit eine deutsche Publikation war schon im Sommer 2014 angedacht, wurde aber seitens der Familie aus verschiedenen Gründen zurückgestellt. Anfang August 2018 konnte Klara Strompf (Frankfurt a.M.) nun mit den Übersetzungsarbeiten beginnen; die erste deutsche Textversion wurde vom Herausgeber überarbeitet, Mirjam Wiehn übernahm dankenswerterweise das letzte Korrekturlesen.[154]

Der vorliegende Interview-Text liest sich nicht durchweg unbedingt ganz leicht und fließend; manchmal scheint der Rote Faden abhanden gekommen zu sein; dabei muß man sich jedoch vor Augen halten, daß es sich um einen Interviewtext handelt, also um einen ursprünglich gesprochenen Text. Rückfragen bei Rachela waren leider

---

[154] Für verbliebene Fehler ist der Herausgeber selbstverständlich allein verantwortlich, ebenso für die gute alte Rechtschreibung. – Leider hatte ich gegen Ende unserer Editionsarbeiten das Pech, daß meine Interverbindung am 24. August 2018 für mehr als einen Monat unterbrochen wurde, weil mein PC veraltet war; in dieser schwierigen Zeit hat Wolfgang Hartung-Gorre viel geholfen, dem ich dafür herzlichst danke. 09.09./08.10.2018, ERW.

nicht mehr möglich. Geschehnisse, Orte und Personen werden durch einen umfangreichen Fußnotenapparat zu erläutern und verständlich zu machen versucht, sodaß wir am Ende natürlich froh sind, daß Rachela Zelmanowicz Olewskis Lebens- und Überlegensgeschichte nun endlich in deutscher Sprache erscheinen kann.[155]

Weinen hier verboten wird unser schwarzes Teilmosaik Holocaust-Schoáh in Polen unserer Edition Schoáh und Judaica ergänzen und bereichern (S. 131 ff.), gemäß unserem traditionellen Motto: Nur was aufgeschrieben, veröffentlicht und in etlichen Bibliotheken der Welt aufgehoben ist, wird vielleicht nicht so schnell vergessen, damit vielleicht daraus gelernt werden kann.

Konstanz, 22. August, 12. September, 22. Oktober, 5. Nov. 2018

Jochi Ritz-Olewski (v. rechts), Hilde Günbaum Zimche, Arie Olewski im Kibbutz Nétzer Seréni am 31. August 2018

---

[155] Am 8. September 2018 schrieb Arie Olewski folgende E-Mail: "Dear friends, Hilde Zimche celebrated last Friday 31-8-2018 her 95th birthday. Jochi and I visited her and presented her the first German draft of our mother's story. – Best, Arie" – Wunderbar – Mazal tov – herzlichen Glückwunsch! (Vgl. S. 34, Fußnote 53)

Fotos und Dokumente
Familie Zelmanowicz

Der junge Leibek Zelmanowicz

Rachela u. ihre Mutter 16.10.1923

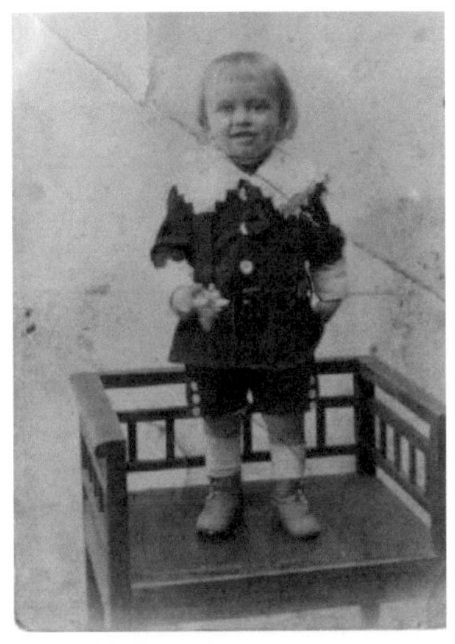

Dov Beniek Zelmanowicz, 2 Jahre

Rachela und ihr Bruder Dov Beniek

Familie Londner

Großvater Jitschak Aizik Londner

Großmutter Beila Londner

Cukiernie (confiseurs): ×Cukierman H., Kołłątaja 18 — Gold J. I., Kołłątaja 44 — ×Gold M., Kołłątaja 42 — Kowalski S., Małachowskiego 21 — Londner L., Małachowskiego 24 — Pilc Ch., Ma-

Londner Süßwarenladen (Polens Geschäftsverzeichnis 1929)

Beila Londner (2. v. l.), das Kind ist wahrscheinlich Dov Beniek, Rachelas Bruder; (Porträt rechts) Rozka Rembiszewska

Bendzin, Malachowskiego-Straße (1930 oben, 1939 unten)

Hebräisches Gymnasium Fürstenberg (v. oben: Fassade; Treppenhaus, Turnsaal)

Rachela kurz nach der Befreiung

Rachela (links) und ihre Orchester-Freundinnen Sylvia und Rivka

Rachela und Rafael Olewski vor der Hochzeit

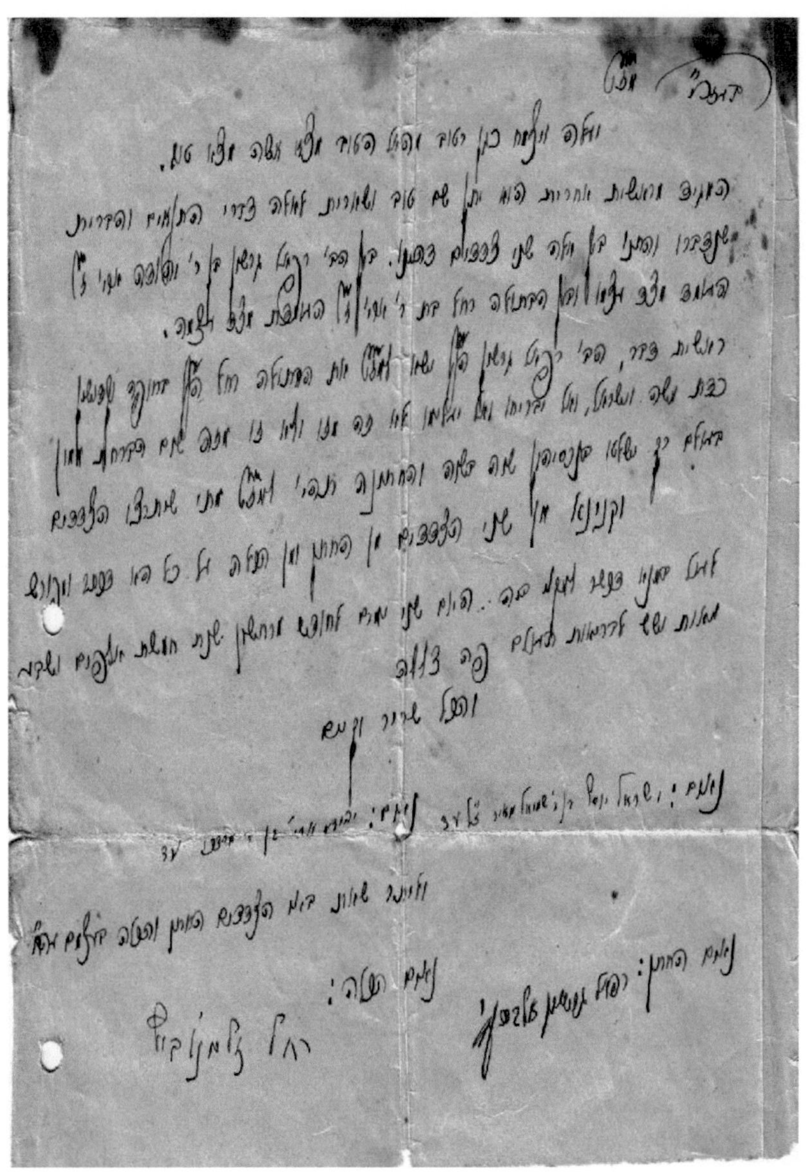

Tnoyim (Tnai'm – Verlobungs-Übereinkunft), Celle, 9. Oktober 1945

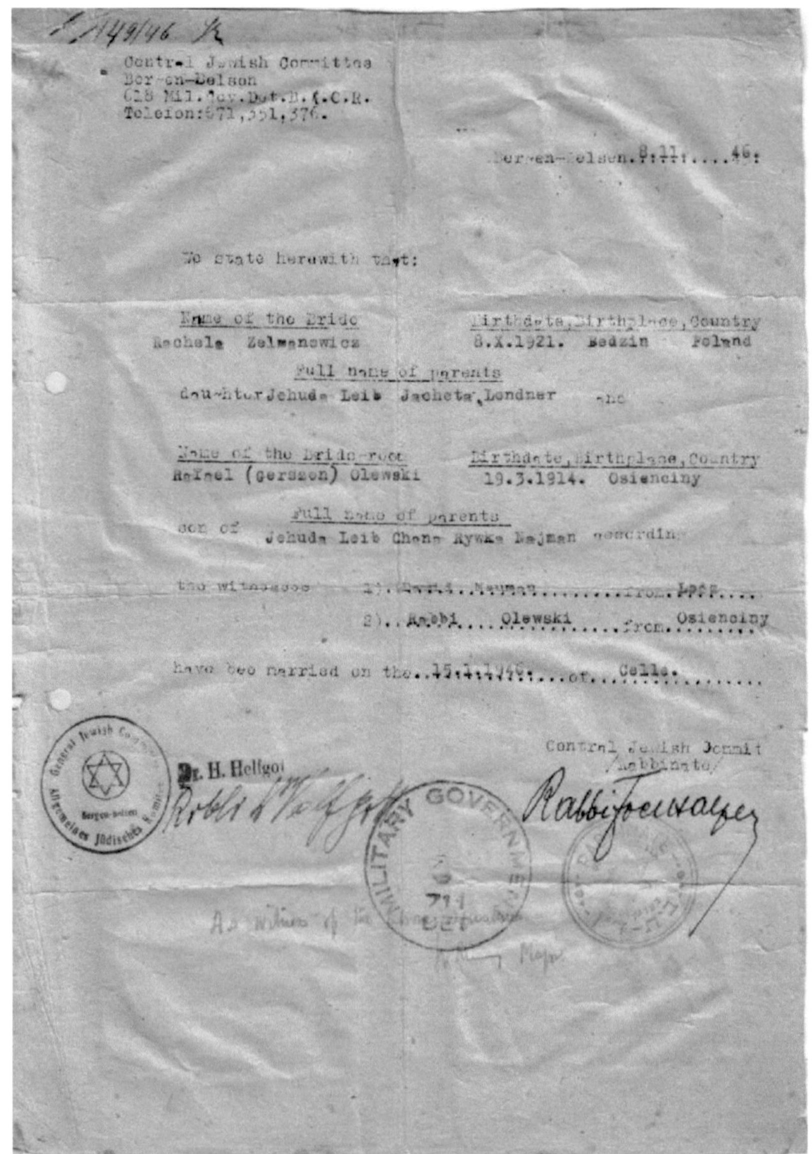

Central Jewish Committee
Bergen-Belsen
Teleton:671,351,376.

Bergen-Belsen. 8.11.....46.

We state herewith that:

Name of the Bride — Birthdate, Birthplace, Country
Rachela Zelmanowicz — 8.X.1921. Bedzin Poland

Full name of parents
daughter Jehuda Leib Jacheta Londner and

Name of the Bride-groom — Birthdate, Birthplace, Country
Rafael (Gerszon) Olewski — 19.3.1914. Osienciny

Full name of parents
son of Jehuda Leib Chana Rywka Najman according

the witnesses 1)..David..Neuman...........from..Lodz....
2)..Rabbi...Olewski..........from..Osienciny

have bee married on the..15.1.1946.....of...Celle.........

Central Jewish Committ
Rabbinate

Offizielles Heiratsdokument, ausgestellt in Bergen-Belsen 10 Monate nach der Hochzeit in Celle, unterzeichnet von Rabbi Zvi Helfgot (Azaria), Rabbi Joel Halpern und dem britischen Kommandanten

Am Hochzeitstag in der Synagoge von Celle, 15. Januar 1946

Auf der Hochzeit mit Paul Trepman, David Rosenthal und Freundinnen

Rachela mit Rafael und seinem Bruder, dem Celler Rabbi Israel Mosche Olewski (oben); im Auto des Celler Rabbi

Mit Jochevet (Jochi) in Israel 1950 (oben); mit Arie und Jochi in Israel

רחל אולבסקי: הכי כואב לנו עיוות דמותה של המנצחת
אלמה רוזה"

Zeitungsausschnitt aus einem Artikel über das Frauenorchester: "Wir sind durch die Deformation von Almas Charakter verletzt."

In Rachel Olewskis Haus in Ramat-Gan mit ehemaligen Orchestermitgliedern (v. links): Sylvia Kalif (Calif, Khalef), Anita Lasker-Wallfisch, Hilde Grünbaum Zimche, Rachela Zelmanowicz Olewski, Rivka Bacia

Rachela in Polen 1985

Rachela und Jochi am Eingang des früheren Wohnhauses Malachowskiego-Straße 10 (links); der Eingang vom Hof

Im 2. Stock vor der Tür

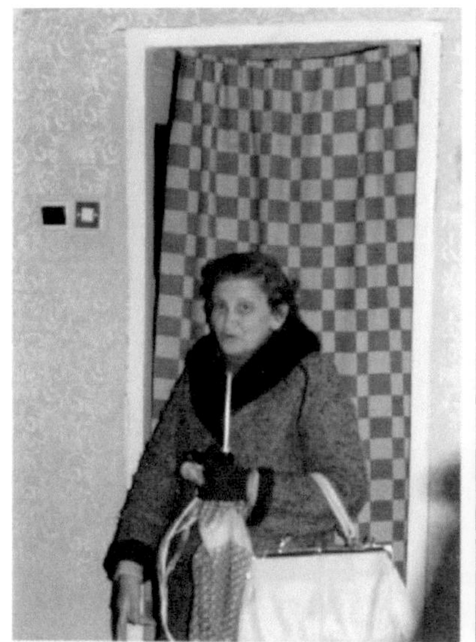

In der Nähe der Küche

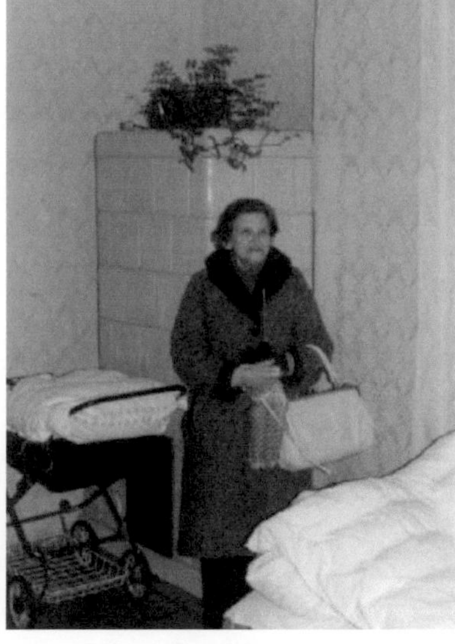

Im Schlafzimmer

Das Wohnzimmer, das Rachela größer in Erinnerung hatte

Blicke in den Innenhof

Nahe am Lagerhaus

Großmutters Haus, 2. Etage

Vor dem früheren Hebräischen Gymnasium Fürstenberg

Zelmanowicz Rachla geb. 8.10.

Staatsangeh: jüd. P.

Nr.: 52816

Erlernter Beruf: Schneiderin

Zuletzt übter Beruf:

Im Lager verwendet als:

Kommando: Kapelle

Arbeitsmässige Veranlg.:

Berichtigungen:

Entlassen:

Überstellung:

am:	woh
3 44	Bergen-Be

Frauenorchester Auschwitz-Birkenau – SS-Karteikarte

Überreste des Frauenorchester-Blocks Nr. 12, ab Herbst 1943 Nr. 7 (oben); (darunter) Überreste des Krematoriums III/IV, an dessen Sprengung Rachels Bruder Zalman Dov (Ber, Beniek) Zelmanowicz beteiligt war; (darunter) in Auschwitz-Birkenau

Jochi und Odded Ritz' Familie

Arie und Avital (Tali) Olewskis Familie

Edition Schoáh & Judaica / Jewish Studies – seit / since 1984
Herausgegeben von / edited by Prof. Erhard Roy Wiehn
Hartung-Gorre Verlag / Publishers, Konstanz, Germany
10/2018 http://www.uni-konstanz.de/soziologie/judaica

Polen (alphabetisch)

Solomon Atamuk, Juden in Litauen – Ein geschichtlicher Überblick vom 14. bis 20. Jahrhundert. Aus dem Litauischen von Zwi Grigori Smoliakov. Konstanz 2000, 340 Seiten. ISBN 3-89649-200-4

Władysław Bartoszewski, Die deutsch-polnischen Beziehungen – gestern, heute und morgen. Ein Vortrag an der Universität Konstanz 2002. Konstanz 2002, 27 Seiten. ISBN 3-89649-818-5 *(Konstanzer Schriften zur Sozialwissenschaft, Band 61, Hartung-Gorre Verlag Konstanz)*

Anna Cwiakowska, Verstecken vor dem Tod – Retter und Rettung jüdischen Lebens in Polen 1939-1945. Konstanz 2003, 70 Seiten. ISBN 3-89649-845-2

Jerzy Czarnecki, Mein Leben als "Arier" – Jüdische Familiengeschichte in Polen zur Zeit der Schoáh und als Zwangsarbeiter in Deutschland. Konstanz 2002, 99 Seiten. ISBN 3-89649-815-0

Jerzy Czarnecki, My Life as an "Aryan" – From Velyki Mosty through Zhovkva to Stralsund. Konstanz 2007, 173 pages, many photos. ISBN 3-89649-998-X

Bronia Davidson-Rosenblatt, Keine Zeit für Abschied – Von Polen durch den Ural nach Samarkand und zurück bis Amsterdam. Jüdische Schicksale 1939–1956. Aus dem Niederländischen von Anneliese Nassuth. Konstanz 2000, 102 Seiten. ISBN 3-89649-528-3

Bronislaw Erlich, Ein Überlebender berichtet – Von Warschau durch das KZ Wołkowysk und nach Fluchtversuchen als Zwangsarbeiter in Deutschland, dann von Polen nach Israel, Deutschland und in die Schweiz. Konstanz 2007, 110 Seiten. ISBN 3-86628-141-2

Mark Ettinger, Erinnerungen – Von Warschau durch die Sowjetrepublik Komi nach Astrakhan 1922–1999. Bearbeitet von Hermann Prell. Konstanz 2006, 170 S. ISBN 3-866-059-9

Dorit Felsch, Chava heißt Leben – Das Schicksal einer jüdischen Familie aus Beuthen im Holocaust und die Flucht ihrer dreizehnjährigen Tochter nach Eretz Israel. Konstanz 2016. ISBN 978-3-86628-567-5

Schraga Golani, Brennendes Leben – Von Pabianice und Piotrków in Polen durch die Lager Skarzysko, Kamiena, Blizyn, Auschwitz-Birkenau, Ohrdruf bis zur Befreiung in Buchenwald. Konstanz 2004, 258 Seiten. ISBN 3-89649-955-6

Josef Goldkorn, Im Kampf ums Überleben – Jüdische Schicksale in Polen 1939–1945. Konstanz 1996, 180 Seiten. ISBN 3-89649-005-2

Jakob Honigsman, Juden in der Westukraine – Jüdisches Leben und Leiden in Ostgalizien, Wolhynien, der Bukowina und Transkarpatien 1933–1945. Aus dem Russischen von Juri Schatton, herausgegeben von Raymond M. Guggenheim u. Erhard Roy Wiehn. Konstanz 2001, 380 Seiten. ISBN 3-89649-647-6

Joachim Kalter, Eine jüdische Odyssee – Von Leipzig nach Polen abgeschoben und deutsche Lager überlebt. Ein Bericht 1938-1946. Vorwort von Edgar Hilsenrath. (Deutsch u. Englisch) Konstanz 1997, 142 Seiten. ISBN 3-89649-161-X

Heinz Kapp, Revolutionäre jüdischer Herkunft in Europa 1848/49. Konstanz 2006, 649 Seiten, ISBN 3-86628-092-0

Nina Klein, Die polnische Erinnerung an Auschwitz. Am Beispiel des staatlichen Museums Auschwitz-Birkenau. Vorwort von Aleida Assmann. Konstanz 1999, 130 Seiten. ISBN 3-89649-409-0

Roman Mnich, Ivan Franko im Kontext mit Theodor Herzl und Martin Buber – Mit Originalbeiträgen von Ivan Franko, Mathias Acher, J. Karenko, Carpel Lippe, Mychajlo Lozynskyj, Wasyl Szuczurat und Osias Waschitz. Antisemitismus und Philosemitismus in Ostgalizien 1886–1916. Konstanz 2012. ISBN 978-3-86628-415-9 u. 3-86628-415-2

Mirjam Moltrecht, Dr. med. Łucia Frey – Eine Ärztin aus Lwów 1889–1942. Rekonstruktion eines Lebens. Zur bleibenden Erinnerung. Konstanz 2004, 110 Seiten. ISBN 3-89649-934-3

Richard Moschkowitz, Ich nenn mich einen "deutschen Dichter" – Von Bielitz-Bielsko durch Sibirien nach Buchara. Verse und Zeichnungen. Konstanz 2005, 106 S. ISBN 3-86628-039-4

Rachela Zelmanowicz Olewski, Weinen hier verboten – Ein jüdisches Mädchen im polnischen Bendzin, im Ghetto von Bendzin und im Versteck, im Frauenorchester von Auschwitz, in Bergen-Belsen und in Israel 1921–1987. Konstanz (November) 2018, 135 Seiten, Fotos und Dokumente. ISBN 978-3-86628-620-7 u. 3-86628-620-1: Neu!

Rafael Olewski, Tor der Tränen – Jüdisches Leben im Schtetl Osięciny in Polen, Leiden unter NS-Terror und in Auschwitz, Überleben im KZ Bergen-Belsen, dort im DP-Camp und in Celle, 1914–1981. Konstanz 2014, 437 Seiten, Fotos und Dokumente. ISBN 978-3-86628-438-8 u. 3-86628-438-1

Mordecai Paldiel, Es gab auch Gerechte – Retter und Rettung jüdischen Lebens im deutschbesetzten Europa 1939–1945. Aus dem Englischen und Französischen von Brigitte Pimpl. Konstanz 1999, 134 Seiten. ISBN 3-89649-412-0

Erwin Rehn & Marie-Elisabeth Rehn, Die Stillschweigs – Von Ostrowo über Berlin und Peine nach Heide in Holstein bis zum Ende in Riga, Theresienstadt und Auschwitz. Eine jüdische Familiensaga 1862–1944. Konstanz 1998, 216 Seiten. ISBN 3-89649-259-4

Evelyn Pike Rubin, Ghetto Schanghai – Von Breslau nach Schanghai und Amerika. Erinnerungen eines jüdischen Mädchens damals. Konstanz 2002, 78 Seiten. ISBN 3-89649-792-8

Nava Ruda, Zum ewigen Andenken – Erinnerungen eines Mädchens aus dem Ghetto Lwow [Lemberg/Lviv]. Jüdische Familiengeschichte 1899–1999. Aus dem Hebräischen von Avri Salamon. Konstanz 2000, 66 Seiten. ISBN 3-89649-526-7

Leah Shinar, Wie ein Becher Tränen – Jüdische Familiengeschichten aus Krakau. Leben und Leiden in Polen 1939–1945. Konstanz 1999, 124 Seiten. ISBN 3-89649-388-4

Zvi Sohar, Aus der Finsternis zum Licht – Als Junge von Komarów in Polen durch Ghetto und zwei Jahre in Todesangst versteckt sowie nach Hamburg-Blankenese ein erfülltes Leben in Israel. Konstanz 2012, 124 Seiten, Fotos. ISBN 978-3-86628-416-6 u. 3-86628-416-0

Jehuda L. Stein, Die Steins – Jüdische Familiengeschichte aus Krakau 1830–1999. Konstanz 1999, 148 Seiten. ISBN 3-89649-417-1

Jehuda L. Stein, Jüdische Ärzte und das jüdische Gesundheitswesen in Krakau – Vom 15. Jahrhundert bis zur Schoáh. Konstanz 2006, 59 Seiten. ISBN 3-86628-046-7

Jehuda L. Stein, Juden in Krakau – Ein geschichtlicher Überblick 1173–1939. Konstanz 1997, 2. Auflage 2008, 137 Seiten. ISBN 3-89649-201-2

Zwi Helmut Steinitz, Als Junge durch die Hölle des Holocaust – Von Posen durch Warschau, das Krakauer Ghetto, Płaszów, Auschwitz, Buchenwald, Berlin-Haselhorst, Sachsenhausen bis Schwerin und über Lübeck, Neustadt, Bergen-Belsen, Antwerpen nach Erez Israel 1927–1946. Konstanz 2006, 2. durchgesehene und erweiterte Auflage 2008, 4. Auflage 2015, 455 Seiten. ISBN 978-3-86628-075-5 u. 3-86628-075-0

Zwi Helmut Steinitz, As a boy through the hell of the Holocaust – From Poznań through Warsaw, the Kraków Ghetto, Płaszów, Auschwitz, Buchenwald, Berlin-Haselhorst, Sachsenhausen to Schwerin and over Lübeck, Neustadt, Bergen-Belsen and Antwerp to Eretz Israel 1927–1946. Konstanz 2009. ISBN 3-86628-250-8 u. 978-3-86628-250-6

Zwi Helmut Steinitz, Vom Holocaust-Opfer zum Blumenexport-Pionier – Von Posen durch das Krakauer Ghetto und deutsche KZs nach Israel zum Gemüseanbau im Kibbuz und zum israelischen Blumenexport 1927–2007. Konstanz 2007, 117 Seiten. **ISBN 3-86628-160-9**

Zwi Helmut Steinitz, Jüdisches Tagebuch – Ein Überlebender der Schoáh engagiert sich als Israeli in Deutschland, besucht seine Geburtsstadt Posen und das Massengrab seiner Familie in Bełżec. Konstanz 2010, 99 Seiten, viele Fotos. **ISBN 978-3-86628-328-2** u. **3-86628-328-8**

Zwi Helmut Steinitz, Durch Zufall im Holocaust gerettet – Rückblick eines Israeli aus Posen, der das Krakauer Ghetto und deutsch KZs durchlitt und überlebte. Konstanz 2012, 96 Seiten, viele Fotos. **ISBN 978-3-86628-424-1** u. **3-86628-424-1**

Zwi Helmut Steinitz, Eine deutsch-jüdische Kindheit im polnischen Posen – Erinnerungen eines Überlebenden und ein Wiedersehen nach 70 Jahren 1927–1939–2009. Konstanz 2015, 172 Seiten, Fotos. **ISBN 978-3-86628-548-4** u. **3-86628-548-5**

Lili Chuwis Thau, Versuche zu überleben – Die Geschichte einer jüdischen Familie unter NS-Herrschaft in Lemberg und Galizien. Konstanz 2016, 261 S., Fotos. **ISBN 978-3-86628-553-8**

Inka Wajsbort, Im Angesicht des Todes – Von Chorzów über Zawiercie, Tarnowitz, Tschenstochau durch Auschwitz nach Malchow und Oschatz. Jüdische Schicksale in Oberschlesien 1939–1945. Konstanz 2000, 236 Seiten. **ISBN 3-89649-513-5**

Erhard Roy Wiehn, Kaddisch – Totengebet in Polen. Reisegespräche und Zeitzeugnisse gegen Vergessen in Deutschland. [Anläßlich des 40. Jahrestages des Aufstands im Warschauer Ghetto] *Darmstadt (Verlag Darmstädter Blätter, Haubachweg 5, 64285 Darmstadt) 1984, 2. Auflage 1987. 903 Seiten. ISBN 3-87139-080-1:* **Vergriffen! – Out of stock!**

Erhard Roy Wiehn, Ghetto Warschau – Aufstand und Vernichtung 1943 fünfzig Jahre danach zum Gedenken. Konstanz 1993, 300 Seiten. **ISBN 3-89191-626-4**

Erhard Roy Wiehn (Hg.), Totengebet – 60 Jahre Beginn des Zweiten Weltkriegs und der Schoáh in Polen. Konstanz 1999, 79 Seiten. **ISBN 3-89649-415-5**

Erhard Roy Wiehn (Hg.) Wer hätte das geglaubt – Erinnerungen im Kibbuz Buchenwald-Netzer Sereni an Hachschará und Konzentrationslager. Konstanz 2010, 145 Seiten. **ISBN 978-3-86628-298-8**

Erhard Roy Wiehn (Hg.), Überall nicht zu Hause- Jüdische Schicksale im 20. Jahrhundert. Gespräche mit Überlebenden in Konstanz, 230 Seiten, Fotos. Konstanz 2012. **ISBN 978-3-86628-434-8**

*

Bergen-Belsen (alphabetisch)

Alexander Barzél & Erhard Roy Wiehn, Was für ein Leben – Von Budapest durch Bergen-Belsen und die Schweiz nach Israel. Ein Gespräch im Kibbuz über jüdische Ideen sowie über jüdisches Leben und Leiden 1944–1985. Konstanz 2013, 70 Seiten. **ISBN 978-3-86628-453-1**

David Guttmann, Schwierige Heimkehr – Leben und Leiden in Ungarn, dann auf der 'Exodus' und zurück über Bergen-Belsen nach Tel Aviv. Jüdische Schicksale 1944–1948. Konstanz 1997, 128 Seiten. **ISBN 3-89649-218-7**

Zelma Klein, Mein Zeugnis als Warnung – Aus einem normalen Leben durch das ungarische Ghetto Nagyvárad, Auschwitz-Birkenau, Bergen-Belsen, Geisenheim am Rhein und andere Lager bis zur Befreiung bei Iffeldorf, dann über Ungarn und die Tschechoslowakei nach Israel. Bearbeitet von Harald Roth. Konstanz 2006, 150 Seiten. **ISBN 3-86628-081-5**

Felix Hermann Oestreicher, Ein jüdischer Arzt-Kalender – Durch Westerbork und Bergen-Belsen nach Tröbitz. Konzentrationslager-Tagebuch 1943–1945. Konstanz 2000, 288 Seiten. **ISBN 3-89649-411-2**

Eitan Porat, Stimme der toten Kinder – Von den Karpaten durch Auschwitz, Nordhausen und Bergen-Belsen nach Israel 1928–1996. Konstanz 1996, 88 Seiten. **ISBN 3-89649-056-7**

Eitan Porat, Voice of the dead children – From the Carpathian Mountains via Auschwitz and Bergen-Belsen to Israel 1928–1996 (englisch von James Stuart Brice u. hebräisch). Konstanz 1997, 92/63 (155) Seiten/pages. ISBN 3-89649-123-7: **Vergriffen! – Out of stock!**

Zwi Helmut Steinitz, Als Junge durch die Hölle des Holocaust – Von Posen durch Warschau, das Krakauer Ghetto, Płaszów, Auschwitz, Buchenwald, Berlin-Haselhorst, Sachsenhausen bis Schwerin und über Lübeck, Neustadt, Bergen-Belsen, Antwerpen nach Erez Israel 1927–1946. Konstanz 2006, 2. durchgesehene und erweiterte Auflage 2008 (mit zahlreichen Fotos aus dem ehemaligen Krakauer Ghetto heute sowie von der jüngsten Lesetätigkeit des Autors in Deutschland), 455 Seiten. ISBN 3-86628-075

Zwi Helmut Steinitz, As a boy through the hell of the Holocaust – From Poznań through Warsaw, the Kraków Ghetto, Płaszów, Auschwitz, Buchenwald, Berlin-Haselhorst, Sachsenhausen, to Schwerin and over Lübeck, Neustadt, Bergen-Belsen and Antwerp to Eretz Israel 1927–1946. Konstanz 2009, 396 pages. ISBN 3-86628-250-8 u. 978-3-86628-250-6

*

Jüdischer Kampfgeist und Widerstand in der Edition Schoáh & Judaica

(alphabetisch)

Gretel Baum-Meróm & Rudy Baum, Kinder aus gutem Hause / Children of a Respectable Family – Von Frankfurt am Main nach Israel und Amerika / From Frankfurt to Israel and America. Erinnerungen, Fotos und Dokumente / Memories, photos and documents 1913/15–1995–2011. Konstanz 2011, 274 Seiten / pages. ISBN 978-3-86628-401-2 u. 3-86628-401-2

Dawid Budnik/Jakow Kaper, Nichts ist vergessen / Nothing is Forgotten – Jüdische Schicksale in Kiew / Jewish Fate in Kiev 1941–1943. (Deutsch, Englisch, Russisch) Kiew u. Konstanz 1993, 317 Seiten. ISBN 3-89191-666-3: **Vergriffen: Neuausgabe:**

Dawid Budnik & Jakow Kaper, Verpflichtet darüber zu berichten – Zwei jüdische Überlebensgeschichten der NS-Aktion 1005 in Kiew Babyn Jar 1943. Konstanz 2018. ISBN 978-3-86628-605-4: Neu!

Louis Dreyfuss, Untergetaucht und überlebt – Aus Breisach am Rhein mit der Fremdenlegion in Nordafrika und nach traurigem Wiedersehen in Gurs als Kleinbauer in Frankreich überlebt und nach Breisach zurückgekehrt 1933–1945. Herausgegeben unter Mitarbeit von Marie-Elisabeth Rehn. Konstanz 2010, zahlreiche Fotos. Erweiterte Neuausgabe von Louis Dreyfuss, Emigration nur ein Wort? Konstanz 1991. ISBN 978-3-86628-334-3 u. 3-86628-334-2

Edith Drori, Die Jahre danach – Nach Kriegsjahren im slowakischen Untergrund und der ersten Nachkriegszeit in der Slowakei ein erfülltes Familienleben mit eigener Farm in Israel und ein Lebensabend in drei Heimaten. Konstanz 2009, 124 Seiten. ISBN 3-86628-256-7 u. 978-3-86628-256-8

Fritz Joseph Heidecker, Die Brunnenbauer – Jüdische Pionierarbeit in Palästina 1934–1939. Konstanz 1998, 258 Seiten. ISBN 3-89649-342-6

Jack Heinz Honig, Meine Familiengeschichte – Von Alsenz in der Nordpfalz über England in die Vereinigten Staaten und als amerikanischer Soldat wieder in Deutschland sowie ein erfolgreiches Leben in Amerika 1921–1991. Aus dem Englischen von Karin Zimmer-Knerr und Klaus Knerr. Konstanz 2010, 158 Seiten viele Fotos. ISBN 978-3-86628-349-7 u. 3-86628-349-0

Heinz Kapp, Revolutionäre jüdischer Herkunft in Europa 1848/49. Konstanz 2006, 649 Seiten. ISBN 3-86628-092-0

Zdenko Levental, Auf glühendem Boden – Ein jüdisches Überlebensschicksal in Jugoslawien 1941–1947. Mit einer Dokumentation. Konstanz 1994, 296 Seiten. ISBN 3-89191-644-2: **Vergriffen!**

Pál Markovits, Stets bei Verstand sein – Kindheit, Jugend und Arbeitsdienst in Ungarn, Zwangsarbeit und Flucht in Jugoslawien, Schutz bei den Tschetniks sowie Tierarzt bei den

Partisanen und in der jugoslawischen Befreiungsarmee. Konstanz 2006, 96 Seiten. ISBN 3-86628-105-6

Ludwig Mühlfelder, Weil ich übriggeblieben bin – Ein jüdisches Überlebensschicksal aus Suhl in Thüringen und Amerika 1924–1994. Konstanz 1995, 214 S. ISBN 3-89191-812-7

Fritz Ottenheimer, Wie hat das geschehen können – Von Konstanz in die USA durch den Krieg und zurück. Jüdische Schicksale 1925–1996. Konstanz 1996, 230 Seiten. ISBN 3-89649-006-0

Klára Rajk, Den Kampfgeist nie verloren – Jüdische Schicksale in Ungarn. Aus dem Englischen von Marie-Elisabeth Rehn. Konstanz 2000, 74 Seiten. ISBN 3-89649-545-3

Sami Scharon, Gestritten, gekämpft und gelitten – Von Danzig nach Erez Israel, bei der britischen Armee in Nordafrika, mit der Jewish Brigade Group durch Italien, Deutschland, Holland und Belgien, dann Offizier in der israelischen Armee 1923–1948. Konstanz 2002, 304 Seiten. ISBN 3-89649-761-8

Jack Scott, Nie wieder in Deutschland leben – Von Gelsenkirchen, Gera und Fürth durch Belgien, Frankreich, Spanien mit der britischen Armee nach Deutschland zurück. Konstanz 1998, 191 Seiten. ISBN 3-89649-343-4

Grigorijus Smoliakovas, Die Nacht die Jahre dauerte – Ein jüdisches Überlebensschicksal in Litauen 1941–1945. Mit einer Dokumentation. Konstanz 1992, 223 Seiten. ISBN 3-89191-557-8: **Vergriffen!**

Erhard Roy Wiehn, Kaddisch – Totengebet in Polen. Reisegespräche und Zeitzeugnisse gegen Vergessen in Deutschland. [Anläßlich des 40. Jahrestages des Aufstands im Warschauer Ghetto]. Verlag Darmstädter Blätter, Darmstadt 1984, 2. Auflage 1987, 903 S.: **Vergriffen!**

Erhard Roy Wiehn, Ghetto Warschau – Aufstand und Vernichtung 1943 fünfzig Jahre danach zum Gedenken. Konstanz 1993, 300 Seiten. ISBN 3-89191-626-4

Jan Wiener, Immer gegen den Strom – Ein jüdisches Überlebensschicksal aus Prag 1939–1950. Konstanz 1992, 144 Seiten. ISBN 3-89191-571-3

Verlagsbuchhandlung Hartung-Gorre
D-78465 Konstanz, Germany – Telefon +49 (0)7533/97227 – Fax 97228
E-mail: Hartung.Gorre@t-online.de & verlag@hartung-gorre.de
oder durch den Buchhandel / or at your book shop / or by internet!
http://www.hartung-gorre.de

Klara Strompf

stammt aus Ungarn, war in der Hotellerie- u. Tourismusbranche tätig, arbeitet seit einigen Jahren als Übersetzerin und war als solche an der Veröffentlichung etlicher Bücher der Edition Schoáh & Judaica beteiligt; sie ist die Autorin von:

KZ Außenlager Walldorf – Jüdische Frauen aus Ungarn am Flughafen Frankfurt/Main 1944. Konstanz 2009, zweite u. korrigierte Auflage, 69 Seiten, Fotos. ISBN 978-3-86628-155-4

Dr. Drs. h.c. Erhard Roy Wiehn, M.A.

Professor (em.) im Fachbereich Geschichte und Soziologie der Universität Konstanz: Veröffentlichungen vor allem zur Schoáh & Judaica;

http://www.uni-konstanz.de/soziologie/judaica

https://de.wikipedia.org/wiki/Erhard_Roy_Wiehn

136

Rafael Olewski

Tor der Tränen

Jüdisches Leben im Schtetl Osięciny in Polen, Leiden unter NS-Terror und in Auschwitz, Überleben im KZ Bergen-Belsen, dort im DP-Camp und in Celle 1914–1981

Herausgegeben von Erhard Roy Wiehn
Hartung-Gorre Verlag Konstanz

2014